재미있는 경영 이야기

경영도 과학이다

정 기 호

Business & Management Books
비앤엠북스

머리말

현대 기업조직이 직면하고 있는 주요한 특징은 기업 활동 영역의 글로벌화와 인터넷의 발달 등으로 과거에 비해 미래 불확실성이 증대되고, 기업 활동과 관련된 자료들이 엄청나게 넘쳐난다는 사실이다. 이러한 경영환경에서 기업이 당면한 문제해결을 위해 최고 의사결정권자는 어떻게 최적의사결정을 내려야 하는지가 중요한 문제로 대두되고 있다.

기업뿐만 아니라 정부나 공공기관, 크고 작은 조직들, 심지어 개인의 일상에서도 많은 의사결정 상황에 직면하게 된다. 경영학은 이러한 의사결정 상황에서 최적의 결과를 도출할 수 있는 다양한 방법들을 제시하고 있다. 특히 과학적 접근에 의한 의사결정기법들이 최근에 경영 분야에서 중요하게 부각되고 있다. 대학 경영학과에서도 경영과학, 의사결정론, 경영통계 등의 과목을 통해 학생들에게 과학적 접근에 의한 문제해결 능력을 키우도록 하고 있다. 실무를 담당하는 기업체에서도 현재 직면한 문제들이 과거와는 달리 매우 복잡하고, 높은 불확실성을 포함하고 있어 과학적 접근에 의한 문제해결 방식의 적용이 일반화되고 있다.

본 책에서는 우리 주변에서 흔히 볼 수 있는 의사결정 상황들에 대해 과학적 접근법에 의한 문제해결 과정을 쉽게 설명하고, 복잡하고 어려운 의사결정과정을 체계적으로 알기 쉽게 설명하였다. 또 우리가 잘못 알고 있거나 오해하고 있는 경영 관련 개념들에 대해서도 정확하고 상세하게 설명함으로써 경영 이야기를 재미있게 서술하려고 하였다.

이 책은 형식과 내용에 있어 최대한 알기 쉽고 재미있게 구성하였다. 기업인들뿐만 아니라 경영학을 전공하지 않은 일반인들도 이 책에서 제시한 내용을 쉽게 이해할 수 있으리라 생각된다. 이 책을 통해 얻게 될 경영학적 통찰력은 자신에게 당면한 문제들을 체계적으로 해결할 수 있도록 이끌어 줄 것이라 확신한다.

2025년 해운대 바다에서 여름을 보내며

저자 씀

차 례

1. 교환가치와 사용가치

우리가 어떤 서비스나 재화를 구입할 때 돈을 지불한다. 예를 들어 내가 빵을 1,000원에 구입한 경우 이 빵의 교환가치(Exchange Value)는 화폐금액으로 표시된 1,000원이다. 따라서 교환가치는 화폐금액으로 책정된 화폐가치라고도 한다. 그러나 동일한 물건에 대해 소비자가 느끼는 효용 즉, 사용가치는 다를 수 있다. 또 같은 사람이라 하더라도 1,000원에 대한 사용가치(Use Value)는 그 사람이 처한 상황에 따라 달라질 수 있다.

예를 들어보자. 어떤 사람이 몇 끼를 굶어 배가 많이 허기진 상태에서 1,000원짜리 빵을 사 먹는 경우 이 빵에 대한 사용가치는 1,000원 이상일 수 있다. 즉, 배가 고픈 상태에서 먹게 되는 1,000원짜리 빵에 대해 느끼는 만족도를 사용가치로 환산하면 1,000원 이상이 된다는 뜻이다. 한편, 배가 많이 부른 상태에서 구입한 1,000원짜리 빵의 사용가치는 1,000원에 못 미칠 수 있다. 이 두 경우 교환가치 즉, 화폐로 책정된 가치는 동일하게 1,000원이지만, 사용가치는 분명 다르게 된다.

따라서 시장에서 어떤 제품에 대한 거래가 이루어지는 경우를 다음과 같이 설명할 수 있다. 소비자가 어떤 제품에 대해 느끼는 사용가치가 교환가치보다 크면 그 제품을 구매하게 되는 것이고, 반대로 사용가치가 교환가치보다 작다고 느끼면 그 제품을 구매하지 않게 된다.

교환가치가 크다고 해서 사용가치가 반드시 크다는 보장은 없다. 한 가지 예를 더 들어보자. 어떤 사람이 사막에서 길을 잃고 며칠을 헤매다가 운 좋게도 여행하는 어떤 일행들을 만나게 되었다. 이 사람은 목이 너무 말라 자신이 차고 있던 롤렉스 시계를 줄 테니 여행객들이

가지고 있던 생수 한 병을 달라고 애원했고, 마침내 롤렉스 시계를 풀어주고 생수 한 병을 얻어 마셨다. 이런 상황에서 우리는 그 사람의 행동을 충분히 이해할 수 있다. 이 상황을 교환가치와 사용가치 측면에서 설명해 보면 쉽게 구분이 된다. 롤렉스 시계는 2,000만 원을 줘야 살 수 있고, 생수 한 병은 1,000원이면 살 수 있다. 따라서 교환가치 측면에서 보면 롤렉스 시계는 생수 한 병의 2만 배 가치가 있다. 그러나 사막에서 길을 잃고 목이 마른 사람의 입장에서 보면, 사용가치 측면에서 이 둘의 가치는 동일하다. 물론 일반적인 상황에서라면 이 둘의 사용가치는 동일하지 않지만, 사막에서 며칠을 물 한 모금 없이 헤맨 사람의 입장에서는 같을 수가 있다는 것이다.

2. 위험선호자, 위험회피자, 위험중립자

어떤 투자자가 자신이 가지고 있는 자금을 여러 투자 대안들 중 어느 곳에 투자할지 결정하는 상황을 생각해 보자. 이 투자 대안들의 수익이 확정적으로 알려져 있다면 수익이 가장 높은 투자 대안을 선택하면 된다. 그런데 문제는 투자 대안으로부터 발생하는 수익이 확률로 주어지는 경우가 대부분이라는 것이다. 이러한 경우에는 각 대안들의 기대화폐가치(EMV: Expected Monetary Value) 즉, 기댓값을 구하여 기댓값이 가장 큰 대안을 선택하게 된다. 기댓값에 따라 의사결정을 하는 사람을 기대화폐주의자 또는 위험중립자(Risk Neutral)라고 한다. 사람들은 투자를 할 때 항상 기댓값에 근거하여 의사결정을 할까? 반드시 그렇지는 않다.

다음과 같은 간단한 게임의 예를 들어보기로 하자.

1	2	3
4	5	6

이 게임에는 운영자가 따로 있고, 우리는 게임에 참여할 것인지 망설이고 있다. 만일 내가 게임에 참여하고자 한다면 1,000원짜리 칩을 사서 위의 숫자판 중 원하는 숫자에 올려 둔다. 그러고 난 뒤, 게임 운영자가 주사위를 던져 나온 수와 일치하면 5,000원을 받고, 틀리면 그냥 꽝이 된다. 이런 게임에 여러분은 참여하겠는지 생각해 보라. 아마 참여하는 사람들이 많을 것이다.

어릴 때 초등학교 정문 앞에서 아저씨가 돈놀이 게임으로 어린 학생들을 유인했던 장면이 생각난다. 1960~1970년대 초등학교를 다녔던 60대 전후 세대들은 아마 기억할 것이다. 어떤 아저씨가 좌판에 위와 똑같은 종이를 깔아 놓고 팽이를 돌리는 게임이다. 팽이는 육면체 형태로 측면이 반듯하게 깎여져 있고 각 면에는 1부터 6까지 번호가 적혀 있다.

자, 지금부터 게임을 시작한다. 모여든 학생들은 자신이 원하는 숫자 칸에 1원이나 2원 또는 걸고 싶은 만큼 동전을 올려놓는다. 그러면 아저씨가 팽이를 돌린다. 팽이가 돌아가다 멈추면 넘어지게 되는데, 이때 윗면에 나온 숫자를 맞히는 게임이다. 숫자를 맞히면 자신이 좌판 위에 올려놓은 돈의 5배를 돌려받는다. 즉 1원을 올려놓고 번호를 맞혔을 때 5원을 돌려받게 된다. 그러나 번호를 못 맞히면 올려놓은 돈은 고스란히 아저씨 주머니로 들어간다. 지금 기억을 더듬어보면 그때 많은 학생들이 이 게임에 참여했던 것 같다. 게임이 비교적 이해하기 쉬울 뿐만 아니라 번호를 맞히면 5배의 고배율로 돈을 따기 때문이었다.

이 게임에 대해 자세히 분석해 보기 전에 결론부터 먼저 이야기해보자. 어떤 학생이 이 게임에 계속 참여한다고 하면 이 학생은 궁극적으로 돈을 모두 잃게 된다. 자, 그러면 지금부터 이 게임의 기댓값을 계산해 보도록 하자. 자신이 선택한 숫자가 맞을 확률은 $\frac{1}{6}$이고, 틀릴 확률은 $\frac{5}{6}$이다. 만일 1,000원을 배팅한다고 가정할 때, 이 게임의 기댓값은 다음과 같이 계산된다.

$$\text{게임의 기댓값} = 5{,}000 \times \frac{1}{6} + 0 \times \frac{5}{6} = 833.33\text{원}$$

즉, 숫자를 맞힐 확률이 $\frac{1}{6}$이고 숫자를 맞히면 5,000원을 받고, 맞히지 못할 확률이 $\frac{5}{6}$이고 숫자를 맞히지 못하면 그냥 꽝이므로 위와 같이 기댓값이 계산된다. 그런데 게임에 한 번 참가할 때 1,000원짜리 칩을 사야 하므로 1,000원을 내고 기댓값 833원인 게임에 참여하는 것이다. 기댓값을 비교해서 의사결정을 내리는 사람 즉, 위험중립자라면 이 게임에 참여하지 말아야 한다. 그런데 기댓값이 1,000원에 못 미침에도 불구하고 1,000원을 내고 게임에 참여한다면, 이때 이 사람을 위험선호자(Risk Taker)라고 한다.

다음과 같은 복권을 이용한 게임의 예를 들어보자.

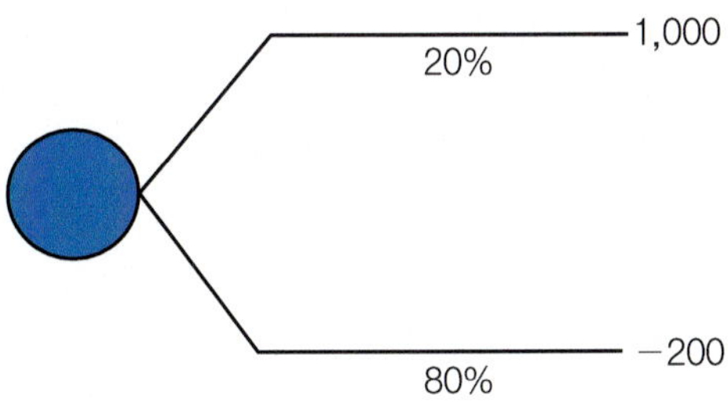

게임 1

게임의 결과는 이기거나 지는 경우 두 가지뿐이다. 이길 확률은 20%이고 이길 경우 1,000원을 얻게 되고, 질 확률은 80%이며 질 경우 200원을 잃게 된다.

이런 게임 상황은 우리가 쉽게 만들 수 있다. 1부터 5까지 번호가 적혀있는 구슬 5개를 통 속에 집어넣고, 게임에 참가하는 사람이 1, 2, 3, 4, 5 중에 숫자 하나를 먼저 말한 뒤, 통 속에서 구슬을 꺼내어 구슬 숫자와 자신이 말한 숫자가 일치하면 1,000원을 받고 일치하지 않으면 200원을 잃는 게임이다. 당신은 이 게임에 참여하겠는가?

(게임 1)의 기댓값을 계산해 보면 40원이다. 즉 게임에 참여하면 평균적으로 40원을 얻게 된다. 따라서 기대화폐가치에 근거하여 의사결정을 하는 사람이라면 반드시 게임에 참여할 것이다. 한 번의 게임만을 생각한다면 200원을 잃게 되는 가능성이 1,000원의 이익을 얻는 경우보다 4배나 높기 때문에 게임 참여를 주저하게 만들 수 있다. 그러나 이 게임을 여러 번 계속 참여한다면 분명히 이익을 보게 된다. 예를 들어, 다섯 번 게임에 참여한다면 확률상 다섯 번 중에 한 번은 숫자를 맞힐 수 있다. 따라서 이론적으로 한 번 맞히고 네 번을 틀리게 되므로 다섯 번 게임에 참여한다면 200원의 이익을 보게 된다. 물론 이러한 계산은 확률의 개념을 이론적으로 접근할 때 가능한 결과이다. 다섯 번 게임에서 현실적으로는 다섯 번 모두 자신이 선택한 숫자를 맞히지 못할 수 있다. 또, 극단적으로 다섯 번 모두 자신이 선택한 숫자를 맞힐 수도 있다(물론 확률적으로는 극히 희박하지만). 실제로 우리가 주사위를 여섯 번 던져 보면, 1부터 6까지의 숫자가 골고루 나오지 않는다. 특정 숫자가 한 번도 나오지 않는 경우가 있는 반면에 특정 숫

자가 여러 번 나올 수도 있다. 그러나 주사위 던지는 횟수를 여섯 번이 아니라 60번, 600번, 6,000번 등 크게 늘려보면 1부터 6까지의 숫자가 대체로 균등하게 나오게 된다.

자, 그러면 다시 우리의 게임으로 돌아가서 (게임 1)에 100번 참여한다고 가정해 보자. 게임 1회당 평균 40원씩 이익을 얻게 되므로 대략 4,000원가량의 이익을 얻게 된다. 만일 10,000번 참가한다면 게임당 평균 40원씩 총 40만 원의 이익을 얻을 수 있게 된다.

이제 게임의 내용을 조금 다르게 바꿔 보자. 앞의 (게임 1)에서 얻거나 잃게 되는 액수를 1만 배로 늘려서 이 게임을 (게임 2)라고 하자.

게임 2

이길 확률은 20%이고 이길 경우 1,000만 원을 얻게 되고, 질 확률은 80%이며 질 경우 200만 원을 잃게 된다.

이때에도 여러분들은 앞의 (게임 1) 경우처럼 게임에 참여할 것인가? (게임 2)의 기댓값은 40만 원으로서, 분명히 + 이익을 얻게 된다. 따라서 기대화폐가치에 의해 의사결정을 하는 사람이라면 게임에 참여해야 하는 것이 맞다. 그러나 현실적으로는 (게임 2)에 참여할 사람이 아마 극히 드물 것이다. 그 이유는 무엇인가? 기댓값이 비록 양수

(+)라 하더라도 200만 원이라는 큰돈을 잃게 될 확률이 80%로서 대단히 높기 때문에, 대부분의 사람들은 게임에 참여하지 않으려고 할 것이다. 이와 같이 기댓값이 양수인데도 불구하고 돈을 잃을까 겁을 내어 게임에 참여하지 않는 사람을 위험회피자(Risk Averter)라고 일컫는다.

일반적으로 의사결정 상황에서 위험에 대해 느끼는 사람들의 태도는 일관되지 않고 가변적이다. 앞의 두 게임에 대해 생각해 보자. 우리가 두 게임에 참여할 것인지 결정하고자 할 때, 아마 (게임 1)에는 참여하겠지만, (게임 2)에는 쉽게 참여하지 못할 것이다. 물론 돈이 많은 부자라면 두 게임 모두 참여할 수도 있겠지만, 동일한 사람이라 할지라도 자신의 재정 상태나 혹은 게임에 참여할 때 지불하는 금액의 크기 등에 따라 때로는 위험중립자가 되었다가 때로는 위험기피자가 되는 것이다.

앞의 경우와 반대로 게임의 기댓값이 음수(−)인데도 불구하고 게임에 참여하고자 하는 사람도 있다. 이러한 부류의 사람이 바로 위험선호자인 것이다. 다음 (게임 3)의 예를 보도록 하자.

게임 3

이길 확률은 30%이고 이길 경우 1,000원을 얻게 되고, 질 확률은 70%이며 질 경우 500원을 잃게 된다.

이 게임의 기댓값을 계산해 보면 −50원으로서 분명히 음수이다. 즉 게임에 참가하면 평균적으로 50원의 손해를 본다. 기댓값이 음수임에도 불구하고 기꺼이 게임에 참여하려는 사람이 있다. 이 책을 읽는 독자들 눈앞에 이런 게임이 실제로 펼쳐진다고 가정했을 때, 과연 참여할 수 있겠는지 상상해 보라. 아마 상당수는 참여하리라 생각된다. 즉 기댓값이 음수임에도 불구하고 이러한 게임에 기꺼이 참여하게 되는 사람들을 바로 위험선호자라고 하는 것이다.

앞의 (게임 2) 경우와 마찬가지로 (게임 3)에서 얻거나 잃게 되는 금액을 1만 배를 곱한 새로운 게임을 상상해 보자.

게임 4

이길 확률은 30%이고 이길 경우 1,000만 원을 얻게 되고, 질 확률은 70%이며 질 경우 500만 원을 잃게 된다.

(게임 4)의 기댓값은 −50만 원으로 계산된다. 따라서 기대화폐가치에 의해 의사결정을 하는 위험중립자 입장이라면 당연히 게임에 참여하지 않을 것이다. 그러나 아주 돈이 많고 투기적 성향이 강한 사람이라면 여전히 (게임 4)에도 참여할 것이다. 이때 이 사람은 역시 위험선호자의 입장에서 의사결정을 한 것이라 볼 수 있다. 그러나 대다수의 사람들은 (게임 4)에 대한 참여를 꺼릴 것임이 분명하다. 현실적으로 (게임 3)에는 기꺼이 참여했던 사람들이 (게임 4)에는 참여하지 않는다. 만일, 동일한 사람이 (게임 3)에는 참여하나 (게임 4)에는 참여하지 않는다면, 이 사람이 (게임 3)에 참여할 때에는 위험선호자의 입장에서 게임 참여를 결정했지만, (게임 4)에 참여하지 않을 때에는 기댓값을 따져 위험중립자 입장에서 결정을 한 것이다.

3. 맥시민, 맥시맥스, 맥시섬 기준

기업과 같은 조직 또는 개인들에게 의사결정을 해야 하는 상황들이 자주 발생한다. 예를 들어, 기업에서 연간 광고비가 책정되어 있을 때 광고효과를 최대로 하기 위해 신문, TV, 라디오, 포털사이트 등 각 광고 매체별로 얼마씩 투자해야 하느냐 하는 문제는 전형적인 의사결정 문제이다. 일반적으로 의사결정 상황에서는 추구해야 할 목표가 반드시 존재하고 이 목표를 최대로 달성하도록 의사결정을 하게 된다. 예를 들어 이익을 최대화한다든지, 아니면 비용을 최소화한다든지 하는 것이 의사결정 상황에서의 목표이다. 의사결정 문제에서 목표가 단 하나만 존재한다면 이 목표를 달성하기 위한 의사결정은 비교적 쉽게 이루어질 수 있다. 그러나 달성해야 할 목표들이 여러 개가 있고 이러한 목표들이 서로 상충된다면 의사결정 문제는 매우 복잡해진다.

예를 들어, 목표가 단 두 개만 존재하는 간단한 의사결정 문제를 생각해 보자. 두 가지 목표를 편의상 (목표 1), (목표 2)라고 하고, 두 가지 모두 이익을 최대화하는 경우라고 가정하자. 그런데 (목표 1)의 이익을 최대화하고자 할 때 (목표 2)의 이익이 낮아지고, 반대로 (목표 2)의 이익을 최대로 하고자 할 때 (목표 1)의 이익이 줄어든다면 의사결정을 내리기가 어려워진다. 이와 같이 (목표 1)과 (목표 2)가 서로 상충하는 경우, 어떤 결정을 내려야 합리적 의사결정이라 할 수 있겠는가? 만일 상충하는 목표가 3개 이상 존재한다면 또 어떻게 의사결정을 내려야 하는가?

목표들이 서로 상충하는 상황에서 의사결정을 해야 할 때, 참고하는 기준들로 맥시민, 맥시맥스, 맥시섬 기준이 있다. 맥시민(Maximin) 기준은 가장 적은 값을 최대화하는 기준이고, 맥시맥스(Maximax) 기준은 반대로 가장 큰 값을 최대화하는 기준이다. 그리고 맥시섬(Maxisum) 기준은 모든 기준들의 합을 최대화하는 기준이다. 이들 중 어느 기준이 가장 좋은 것인지는 정해져 있지 않다. 의사결정 상황에 따라 기준을 선택하면 된다.

이 세 가지 기준을 알기 쉽게 이해하기 위해 다음과 같은 간단한 예를 들어보자. 어느 도시에서 지역 개발을 위한 예산을 투입하고자 하는데, 맥시민 기준에 따라 의사결정을 한다면 그 도시에서 가장 낙후된 지역을 최대로 발전시키고자 예산을 투자하는 것이고, 맥시맥스 기준은 반대로 가장 번화하고 발전된 지역 즉, 그 도시의 가장 대표적인 지역을 더 번화하고 화려하게 만들기 위해 투자하는 것이다. 한편, 맥시섬 기준은 번화한 지역, 낙후된 지역 구분 없이 도시 전체적으로 골고루 투자해서 전체 투자 효과가 최대가 되도록 하는 것이다.

또 다른 예를 하나 더 들어보자. 예전에 우리나라 1960~1970년대는 모든 가정이 경제적으로 어려운 시대였다. 그 당시에는 대부분의 집에서 자녀들을 모두 교육시킬 만큼 경제적으로 넉넉하지 못했다. 나중에 집안을 일으키게 할 목적으로 자녀들 중 가장 똑똑한 자녀만 집중적으로 뒷바라지하고 나머지 자녀들은 제대로 교육시키지 못하는 경우가 많았다. 이런 경우 맥시맥스 기준에 따라 자녀 교육을 시켰다고 볼 수 있다. 반면에 가장 공부 못하고 실력이 뒤떨어진 자녀에게 우선적으로 투자해서 이 자녀의 실력을 향상시키고자 했다면 이는 맥시민 기준에 따라 자녀 교육을 한 것이다.

미국의 정치철학자 존 롤스(John Rawls)는 "가장 불행한 사람을 가능한 한 행복하게 만드는 사회가 좋은 사회"라고 주장했다. 이는 바로 맥시민 기준에 따라 사회를 만들고자 한 것으로 볼 수 있다. 우리나라가 개발도상국가였던 1960~1970년대에는 정부에서 대기업 위주의 경제정책을 폈다. 대기업에 많은 특혜를 주고 육성시켜 우리나라 경제를 단기간 내에 발전시키고자 했기 때문이다. 따라서 중소기업에는 지원이 소홀할 수밖에 없었다. 바로 맥시맥스 기준에 따른 경제정책이라 할 수 있다. 그러나 이제 세계 10위권의 경제대국으로 성장한 상황에서는 중소기업을 육성하는 경제정책으로의 전환이 절실하다. 불확실한 세계 경제상황 변화에 취약한 중소기업들의 체질을 개선하고 경쟁력을 키우기 위해서는 우리나라 경제의 뿌리를 형성하는 중소기업 위주의 경제정책 즉, 맥시민 기준에 따른 정부 경제정책의 전환이 요구된다 하겠다.

몇 년 전 돌아가신 국내 대기업 그룹 모 회장이 한 말이 생각난다. "천재 한 명이 십만 명을 먹여 살릴 수 있다." 이 말을 했던 대기업 회장의 뜻을 우리는 쉽게 짐작할 수 있다. 자원이 한정된 상태에서 구성원 모두에게 골고루 지원하기보다는 '선택과 집중'의 논리로 똑똑한 한 명에게 자원을 집중해서 지원하고 그가 얻게 될 성과를 나머지 구성원들에게 골고루 나누는 것이 훨씬 효율적이라는 뜻이다. 이게 바로 맥시맥스 기준에 따른 결정이라 할 수 있다.

이런 신념에 사로잡혀 천재 한 명에게 집중적으로 특별한 혜택과 지원을 제공했다고 가정하자. 십만 명이 참고 견디는 동안 집중적인 지원을 받은 천재 한 명은 자신이 얻게 된 성과를 어떻게 처리할까? 성과 모두를 다수와 나눈다면 더없이 좋겠지만, 그렇지 않고 상당 부분 자신만을 위해 움켜쥐게 된다면 애초의 기대는 물거품이 되고 만다. 천재를 제외한 다수 구성원들의 불평을 심화시키고 결국 건강한 공동체 유지에도 위협이 될 수 있다. 맥시맥스 기준에 따라 자원 사용에 관한 의사결정을 하고 난 이후 예상할 수 있는 결과이다.

그렇다면 자원이 한정된 상태에서 맥시맥스 기준이 아닌 다른 기준 즉, 맥시민 기준이나 맥시섬 기준을 적용하는 것이 더 나을까? 물론 어느 기준이 가장 좋다는 정답은 없을 듯하다. 다만, 집중 지원을 받은 천재 한 명이 얻은 성과를 구성원 모두와 골고루 나눈다는 것이 확실히 보장된다면 맥시맥스 기준이 가장 나아 보인다. 그렇지만 이러한 약속이 실행되지 않는다면 맥시맥스 기준보다는 맥시민 기준이나 맥시섬 기준이 더 나을지 모른다. 맥시섬 기준은 전체 합을 최대로 하기 위해 일부 구성원들의 희생을 수반하기 때문에, 구성원들이 불평 없이 고루 만족하도록 하기 위해서는 맥시민 기준이 낫다고 할 수 있다.

4. 시간은 돈이다: 화폐의 시간적 가치

동일한 금액의 돈이라 하더라도 시간에 따라 그 가치는 달라진다. 예를 한번 들어보자. 지금 당장의 100만 원과 1년 후의 100만 원은 가치가 같을까? 아니면 다를까? 답은 '다르다'이다. 가치가 다른 이유는 바로 금리 때문이다.

만일 1년 정기예금 금리가 4%라고 가정하자. 그러면 현재 100만 원은 1년 후 104만 원이 된다. 따라서 지금의 100만 원과 1년 후의 100만 원은 당연히 가치가 다르게 된다.

그렇다면 1년 후의 100만 원은 현재가치로 얼마나 될까? 정기예금 금리를 4%라고 가정할 때,

$$\frac{1,000,000}{(1+0.04)} = 961,538\text{원이 된다.}$$

다시 말해 현재 961,538원을 은행에 정기예금하면 1년 후 100만 원이 된다. 이와 같이 동일한 금액이 시간에 따라 그 가치가 달라지는 것은 화폐의 시간적 가치 때문이다.

그러면 2년 후의 100만 원은 현재가치로 얼마나 될까? 정기예금 금리를 4%라고 가정할 때,

$$\frac{1,000,000}{(1+0.04)^2} = 924,556\text{원이 된다.}$$

만일 어떤 사람이 연금복권에 당첨되어 1년 후부터 향후 10년 동안 매년 100만 원씩 연금을 받는다고 하자. 이 사람이 10년 동안 받게 되는 연금의 현재가치는 얼마가 될까? 현재가치를 편의상 *S*라 하고 계산하면,

$$S = \frac{1,000,000}{(1+0.04)} + \frac{1,000,000}{(1+0.04)^2} + \frac{1,000,000}{(1+0.04)^3} + \cdots + \frac{1,000,000}{(1+0.04)^{10}}$$

양변에 (1+0.04)를 곱하면,

$$(1+0.04) \times S = 1,000,000 + \frac{1,000,000}{(1+0.04)} + \frac{1,000,000}{(1+0.04)^2} + \cdots + \frac{1,000,000}{(1+0.04)^9}$$

두 번째 식에서 첫 번째 식을 빼주면,

$$0.04S = 1,000,000 - \frac{1,000,000}{(1+0.04)^{10}}\text{이다.}$$

$$0.04S = 1,000,000 - \frac{1,000,000}{(1+0.04)^{10}} = 324,436$$

$$S = \frac{324,436}{0.04} = 8,110,896$$

1년 후부터 향후 10년 동안 매년 100만 원씩 받게 되는 연금을 현재 가치로 환산하면 811만 원 정도가 된다. 다시 말해 1년 후부터 10년 동안 매년 100만 원씩 연금을 받는 대신에 지금 당장 한꺼번에 받는다면 811만 원을 받는 것과 같다.

5. 정보는 돈이다: 교차로 교통신호

정보를 의사결정과정에 잘 활용하면 큰 성과를 가져다준다. 예를 들어 차량 통행이 많은 복잡한 대로변 사거리를 생각해 보자. 만일 이 사거리에 교통신호가 없다면 어떤 일이 생길까? 아마도 각 방향에서 오는 차들이 사거리를 먼저 통과하려고 시도할 것이고, 그러다 보면 결국 차들이 서로 엉켜서 오도 가도 못하는 상황에 빠지게 된다. 사거리를 통과하려는 수많은 차량들의 정체는 시간과 돈의 측면에서 엄청난 손실을 가져 온다. 신호등이 없는 주택가 골목 사거리에서 우리는 이런 경우를 자주 경험하게 된다.

그래서 사거리에 신호등을 만들어 두고 녹색 신호일 때에만 차량이 통과할 수 있도록 교통신호체계를 만드는 것이다. 교통신호체계는 일종의 약속으로서, 이런 약속이 바로 정보라고 할 수 있다. 이러한 정보를 이용하면 사거리를 통과하는 차량들이 서로 엉킴이 없이 소통이 잘 되고, 결국 시간과 돈의 낭비를 막을 수 있다.

이때 우리는 다음과 같은 질문을 해 볼 수 있다. 특정 방향으로의 녹색 신호를 얼마 동안 켜 두는 게 좋을까? 각 방향별 녹색 신호의 시간을 어떻게 할당하느냐에 따라 교통 흐름이 달라진다. 차량 통행이 많은 방향의 경우 그렇지 않은 방향보다 녹색 신호 길이를 더 길게 해야 한다. 그러면 얼마나 더 길게 시간을 할당해야 할까?

답은 아주 간단하다. 먼저 각 방향별로 통과하는 교통량을 조사하여 교통량에 따라 녹색 신호 시간 길이를 정하는 것이다. 즉, 교통량이 많으면 녹색 신호 시간을 길게 설정하고, 교통량이 적으면 신호 시간을 짧게 설정하는 것이다. 예를 들어 평상시 A 방면에서 B 방면으로 1분 동안 평균적으로 40대의 차량이 통과하고, C 방면에서 D 방면으로 1분 동안 평균 20대의 차량이 통과하는 것으로 조사되었다고 하자. 그러면, A 방면에서 B 방면으로 녹색 신호 시간을 30초, C 방면에서 D 방면으로의 녹색 신호 시간은 15초로 설정하는 것이다. 만일 교통량을 생각하지 않고 임의로 신호 시간을 설정한다든지, 아니면 사거리 각 방향별로 교통량과 무관하게 동일한 시간을 설정하면 어떤 일이 생기는지 쉽게 예상할 수 있다. 특정 방향으로는 차가 계속 밀리게 되고, 다른 방향에서는 통과할 차량이 없는데도 녹색 신호등이 계속해서 켜져 있게 될 것이다. 물론 교통량에 따라 녹색 신호 시간 길이를 정한다는 것이 그리 간단한 문제는 아니다. 사거리에서 각 방향별로 직진 신호와 좌회전 신호를 모두 고려해야 하기 때문이다.

여기서 한 걸음 더 나아가 생각해 보면 우리는 시간과 돈의 낭비를 훨씬 더 줄일 수 있음을 쉽게 알 수 있다. 각 방향별 녹색 신호 시간에 대해 다음 세 가지 경우를 생각해 보자.

(경우 1) 할당 시간 변경 없음
(경우 2) 시간대에 따라 할당 시간 변경
(경우 3) 실시간 시간 할당 변화

현재처럼 각 방향별로 녹색 신호를 항상 정해진 시간 동안 켜 두면 어떤 일이 생기는지 생각해 보자. 오전 출근 시간대와 점심 시간대, 그리고 오후 퇴근 시간대와 같이 시간대별로 교통량이 분명 달라진다. (경우 1)과 같이 시간대별 교통량을 고려하지 않고 항상 동일한 시간 동안 녹색 불이 켜진다면 효율적인 신호체계라 할 수 없다. 따라서 (경우 2)처럼 시간대별로 녹색 신호 시간을 다르게 설정하는 것이 효율적이다. 물론 가장 좋은 방법은 (경우 3)과 같이 사거리에 카메라를 설치해 두고, 실시간 교통 흐름량을 컴퓨터에 입력하여 그때그때 각 방향별 녹색 신호 시간을 변경하는 것이 최선이다. 이것이 바로 지능형 교통신호 제어시스템(Intelligent Traffic Signal System)인 것이다.

박스 사례[1)]

서울지방경찰청은 올해 상반기 교통신호 운영체계를 개선한 결과 시내 차량 통행속도가 11.9% 향상되고 신호등 수 대비 정지 횟수를 의미하는 정지율은 17.2~20.7% 감소했다고 19일 밝혔다.

경찰에 따르면 차량이 몰려 정체가 심해지면 진입 방향 신호를 적색으로 빨리 변경하는 '앞 막힘 예방 신호제어 시스템'을 도입한 결과 꼬리 물림은 71.4% 감소하고 정지선 준수율은 20.7% 향상됐다.

좌회전 차량이 없으면 좌회전 신호를 생략해 직진 신호를 늘리는 '신호현시 생략기법' 도입으로 평소 대비 직진 신호가 46.9% 늘어난 것으로 조사됐다.

또 방향별 교통량에 따라 신호 시간을 탄력적으로 조정하고 보행자 사고를 막기 위해 녹색등이 3~5초 늦게 켜지도록 하는 등 올해 상반기 총 4천500여 건의 교통신호 체계를 개선했다고 서울지방경찰청이 설명했다.

경찰 관계자는 "이번 교통신호 개선으로 삼일로와 모래내길 일부 구간은 차량 속도가 각각 31.5%, 40.7%나 빨라졌다"라며 "첨단 IT 기술을 접목한 신호 운영 기법을 점차 확대할 방침"이라고 말했다.

---

1) 민경락(2013.07.19.). '서울경찰 "교통신호 개선해 시내 차량속도 11.9%↑"', 연합뉴스 (https://n.news.naver.com/mnews/article/001/0006382942?sid=103)

6. 불확실한 미래, 의사결정을 어떻게 할 것인가?

공연기획사인 A사는 다가올 어린이날에 맞춰 아이돌그룹이 대거 참여하는 공연행사를 기획하고자 한다. 행사 기획을 위해 가장 먼저 결정해야 할 내용이 공연 장소 결정이다. 행사 당일 공연을 위한 장소로는 종합운동장과 실내체육관 등 두 가지 대안이 제시되었다. 종합운동장에서 공연을 하게 되면 실내체육관에 비해 티켓 판매수입이 늘어나 큰 이익을 얻는다. 그러나 만일 행사 당일 비가 오면 참여 인원이 크게 줄어들어 손실을 많이 입게 된다.

공연을 어디서 할 것인지에 대해 행사 몇 달 전에 결정해야 하는데, 행사 당일의 날씨에 따라 이익이나 손실이 발생할 수 있어 공연 장소를 어디로 할지 결정하는 것이 아주 중요하다. 날씨가 맑을 경우, 흐릴 경우, 비가 올 경우, 각각의 경우에 대해 종합운동장에서 행사할 때와 체육관에서 할 때, A사에게 돌아오는 이익은 다음 표와 같다.

(단위: 억 원)

구분	맑음	흐림	비
종합운동장	10	6	−3
실내체육관	5	4	3

즉, 날씨가 맑을 때 종합운동장에서 행사를 하면 10억 원의 이익을 얻고, 실내체육관에서 행사를 하면 5억 원의 이익을 얻는다. 반면에 비가 올 때 종합운동장에서 행사를 하면 3억 원의 손실을 보게 되고, 실내체육관에서 행사를 하면 3억 원의 이익을 얻는다. 날씨가 흐릴 때는 종합운동장에서 행사하면 6억 원의 이익을, 실내체육관에서 하면 4억 원의 이익을 얻는다. 당신이 만일 A사 대표라면 공연 장소로 어떤 결정을 내리겠는가?

의사결정을 내리기 전에 먼저 이러한 의사결정 상황에서 사용되는 용어들에 대해 알아보자. 의사결정분석에 중요하게 사용되는 용어는 대안(Alternative), 자연상태(State of Nature), 성과(Payoff) 등 세 가지이다. 행사 장소를 어디로 할지 의사결정자가 선택해야 하는 것은 대안에 해당한다. 이 문제에서 의사결정자가 선택해야 할 대안은 종합운동장과 실내체육관 두 가지이다. 행사 당일의 날씨는 자연상태에 해당하며, 의사결정이 이루어지는 시점에서는 미래에 발생하는 자연상태에 관한 정보를 알 수 없으므로 불확실성이 내포되어 있다. 한편

의사결정자가 현재 시점에서 대안을 선택하고 난 뒤, 미래에 자연상태가 현실화될 때 의사결정자에게 돌아오는 이익이나 손실을 성과라고 한다.

자, 그러면 이러한 상황에서 의사결정자인 기획사 대표는 어떤 결정을 내려야 할까? 만일 어린이날 날씨에 관한 정보를 현재 시점에서 100% 정확하게 알 수 있다면, 대안 선택에 아무런 어려움이 없을 것이다. 예를 들어, 날씨가 맑음이라고 확실히 알 수 있다면 당연히 종합운동장에서 행사를 해야 이익을 최대화할 수 있을 것이다. 그런데 문제는 현재 시점에서 자연상태에 관한 정보를 100% 정확하게 알 수 없다는 것이다.

이러한 의사결정 상황을 우리는 두 가지로 분류하고 있다. 하나는 불확실한 상황하에서의 의사결정(Decision Making under Uncertainty)이고 또 다른 하나는 위험한 상황하에서의 의사결정(Decision Making under Risk)이다. 자연상태에 관한 정보를 전혀 알 수 없을 때 우리는 불확실한 상황하에서의 의사결정이라 한다. 그러나 자연상태의 발생 확률을 알 수 있다면, 이러한 경우의 의사결정을 위험한 상황하에서의 의사결정이라 부른다.

위의 예제 문제에서 자연상태에 관한 정보를 전혀 모를 때 즉, 불확실한 상황하에서의 의사결정을 한다고 가정하자. 의사결정자는 어떤 기준을 가지고 대안을 선택해야 하는지 알아보도록 한다. 불확실한 상황하에서의 의사결정에는 모두 다섯 가지 기준이 있다. 그것은 낙관적 기준, 비관적 기준, 후르비츠 기준, 후회 기준, 라플라스 기준이다. 하나씩 알아보자.

1) 낙관적 기준

이 기준은 맥시맥스(Maximax) 기준이라고도 한다. 각 대안의 최댓값 중에 최댓값을 제공하는 대안을 선택하는 것이다. 각 대안을 선택했을 때 가장 낙관적인 자연상태가 미래에 실현된다고 가정하고, 각 대안에 따른 가장 좋은 성과들 중에 최댓값을 제공하는 대안을 선택하는 것이다. 이 기준을 적용하면 종합운동장은 10억, 실내체육관은 5억이므로 종합운동장을 선택하는 것이다.

2) 비관적 기준

이 기준은 맥시민(Maximin) 기준이라고도 한다. 각 대안의 최솟값 중에 최댓값을 제공하는 대안을 선택하는 것이다. 각 대안을 선택했을 때 가장 비관적인 자연상태가 미래에 실현된다고 가정하고, 각 대안에 따른 가장 나쁜 성과들 중에 최댓값을 제공하는 대안을 선택하는 것이다. 이 기준을 적용하면 종합운동장은 −3억, 실내체육관은 3

억이므로 둘 중에 큰 값을 제공하는 실내체육관을 선택하는 것이다.

3) 후르비츠 기준

앞의 두 기준은 너무 극단적인 기준이다. 낙관적 기준은 투기적 기준으로 잘 되면 큰 이익을 얻지만 잘못되면 큰 손실을 입게 된다. 반면 비관적 기준은 보수적 기준으로 최악의 상황을 피하고자 하는 소극적 기준이다. 일반적으로 보통 사람들은 두 가지 양극단의 기준보다는 이 둘을 어느 정도 절충한 기준을 사용한다. 사람들마다 낙관적 성향에 약간씩 차이가 있어 자신의 낙관적 성향을 나타내는 낙관계수(Coefficient of Optimism)를 설정하여 의사결정을 한다. 낙관계수를 α라고 할 때, 의사결정자는 $0 \leq \alpha \leq 1$인 α값을 먼저 설정한다. 낙관적 성향의 사람은 1에 가까운 값을, 비관적 성향의 사람은 0에 가까운 값을 설정한다.

각 대안별로 다음을 계산한 뒤, 가장 큰 값을 제공하는 대안을 선택한다.

$$\alpha \times \text{최댓값} + (1-\alpha) \times \text{최솟값}$$

낙관계수 $\alpha = 0.5$라고 설정하여 각 대안별 위의 값을 계산해서 의사결정을 해 보자.

(종합운동장) $0.5\times10+(1-0.5)\times(-3)=3.5$

(실내체육관) $0.5\times5+(1-0.5)\times3=4$

계산값을 비교하면 실내체육관이 더 크므로 실내체육관을 선택한다. 그러면 낙관계수 α값을 조금 더 올려서 $\alpha=0.6$으로 설정해 보자.

(종합운동장) $0.6\times10+(1-0.6)\times(-3)=4.8$

(실내체육관) $0.6\times5+(1-0.6)\times3=4.2$

계산값을 비교하면 종합운동장이 더 크므로 종합운동장을 선택한다. 반대로 낙관계수 α값을 조금 더 내려서 $\alpha=0.4$로 설정해 보자.

(종합운동장) $0.4\times10+(1-0.4)\times(-3)=2.2$

(실내체육관) $0.4\times5+(1-0.4)\times3=3.8$

계산값을 비교하면 실내체육관이 더 크므로 실내체육관을 선택한다.

결론적으로 α값을 작게 할수록 비관적 기준에 의한 결정과 같게 되고, α값을 크게 할수록 낙관적 기준에 의한 결정과 같아진다. 만일 $\alpha=1$로 설정하면 어떻게 될까? $\alpha=1$로 설정하여 적용한 후르비츠 기준은 낙관적 기준과 정확하게 일치한다. 반면에 $\alpha=0$으로 설정하여 적용한 후르비츠 기준은 비관적 기준과 정확하게 일치하게 된다.

4) 후회 기준

특정 대안을 선택함으로써 미래에 느끼게 되는 후회를 기준으로 의사결정을 한다. 이때 후회(Regret)란 어느 특정 자연상태에서 최선의 대안을 선택하지 못함으로써 입게 되는 상대적인 손실을 뜻한다. 이 기준은 각 대안 선택에 따른 최대후횟값들 중 최솟값을 주는 대안을 선택하는 것으로 최대후회 최소기준이라고도 한다. 이 기준을 적용하기 위해서는 자연상태별로 후횟값이 계산된 후회표(Regret Table)를 먼저 작성해야 한다.

〈후회표〉

(단위: 억 원)

구분	맑음	흐림	비
종합운동장	0	0	6
실내체육관	5	2	0

자연상태별로 후횟값을 계산하는 과정을 간단히 설명해 보자. 미래 날씨가 맑음일 경우 가장 좋은 대안은 종합운동장이므로 후횟값은 0이다. 반면에 실내체육관을 선택했다면 가장 좋은 대안인 종합운동장을 선택하지 못함으로써 5억 만큼의 상대적 손실을 입게 되므로 후횟값은 5억이 된다. 미래 날씨가 비일 경우 가장 좋은 대안은 성과가 3억인 실내체육관으로, 실내체육관을 선택했다면 후횟값이 0이다. 반

면에 종합운동장을 선택했다면 성과가 −3억이므로, 가장 좋은 선택(실내체육관)을 할 때 얻는 3억에 비해 상대적으로 6억 만큼의 손실을 입게 되어 후횟값이 6억이 된다.

후회표가 작성되면 각 대안 선택에 따른 최대후횟값을 계산한 뒤 최대후횟값들 중 최솟값을 주는 대안을 선택한다. 종합운동장의 최대후횟값은 6억이고, 실내체육관의 최대후횟값은 5억이므로 이 둘 중 최솟값을 제공하는 실내체육관을 선택하게 된다.

5) 라플라스(Laplace) 기준

각 자연상태가 동일한 확률로 발생한다고 가정하고, 각 대안별 기댓값을 계산하여 가장 큰 기댓값을 제공하는 대안을 선택한다. 우리의 예에서 자연상태가 3개이므로 각각 동일하게 $\frac{1}{3}$의 확률로 발생한다고 가정하고 기댓값을 계산해 보자.

(종합운동장) $10\times\frac{1}{3}+6\times\frac{1}{3}+(-3)\times\frac{1}{3}=4.33$

(실내체육관) $5\times\frac{1}{3}+4\times\frac{1}{3}+3\times\frac{1}{3}=4$

종합운동장의 기댓값이 더 크므로 종합운동장을 선택한다.

7. 자료의 대푯값과 산포도

1) 대푯값

방대한 양의 수치 자료가 주어져 있을 때, 이를 한눈에 파악하기란 쉽지 않다. 다음 그림을 보자. 1반과 2반 학생들이 시험을 친 결과, 학생들의 성적이 그림과 같이 주어져 있다. 이때 우리는 1반과 2반 중에 어느 반 학생들의 성적이 더 나은지 알 수 있을까? 이와 같이 전체 성적 자료들이 한꺼번에 주어졌을 때, 어느 반 성적이 더 나은지 한눈에 보고 판단하기는 쉽지 않다.

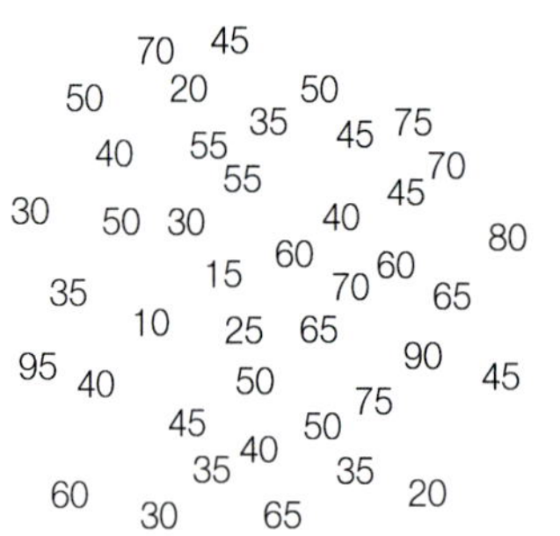

1반

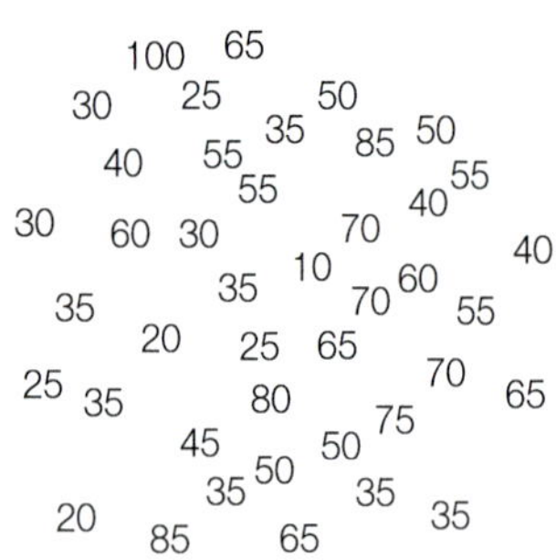

2반

좀더 구체적인 예를 통해 설명해 보기로 하자. 지방 소도시에 있는 어느 고등학교 1학년 전체 학생 수는 40명이고, 각 학급당 20명씩 모두 두 학급이 있다. 동일한 수학 시험을 치른 후 채점하여 그 성적자료가 주어져 있다고 하자. 이때 우리는 1학년 1반 학생들과 1학년 2반 학생들 간에 학력 차이가 있는지 관심을 가지고, 그 두 학급의 성적자료를 분석해 보고자 한다. 두 학급 각각 20명의 수학 성적자료들을 한눈에 보고 비교하기는 쉽지 않을 것이다. 그러면 어떻게 비교하는 것이 좋을까? 가장 쉬운 방법은 두 학급 성적의 평균값(Mean)을 각각 구해서 서로 비교하는 것이다. 이번 시험이 너무 어려워 1반 학생들의 수학 성적이 100점 만점에 평균 40점이고, 2반 학생들의 수학 성적은 평균 38점이라고 하자. 그러면 1반 학생들의 수학 성적이 2반 학생들보다 더 좋다고 말할 수 있다.

이와 같이 성적 평균을 이용하여 두 학급 사이에 성적을 비교하는 경우, 이 평균값이 각 학급의 20명 성적을 대표하는 값 즉, 대푯값이 되는 것이다. 대푯값이란 방대한 양의 수치 자료가 주어져 있을 때, 전체 자료를 하나의 값으로 대표하는 값이라는 의미이다. 일반적으로 전체 수치 자료를 대표하는 값으로 평균값을 가장 많이 사용한다.

그런데 위의 예에서 1반 학생들의 성적을 자세히 살펴보니, 이 어려운 시험에 한 명의 학생이 100점을 받았고 나머지 학생들은 50점 미만

이었다. 반면에 2반 학생들 성적을 보니 최고 점수가 55점이었다. 이때 우리는 다음과 같은 의문을 제기할 수 있다.

> 1반의 100점을 받은 학생 한 명 때문에 1반의 성적 평균이 지나치게 높게 계산되었으니, 1반의 평균값 40점이 1반 학생들의 성적 대푯값으로 사용되는 것은 문제가 있지 않나?

이런 경우 전체 자료를 대표하는 값으로 평균값을 사용하는 것은 당연히 문제가 있다. 100점을 받은 학생을 빼면 1반 성적 평균은 아마도 37점 이하로 떨어질 수 있다. 이와 같이 다른 수치 자료들과 비교할 때 현저하게 높거나 낮은 극단적인 값을 이상값(Outlier)이라고 한다.

자료들 중에 이상값이 포함되어 있는 경우 전체 자료를 대표하는 대푯값으로 평균값보다는 중앙값(Median)을 사용하는 것이 합리적이다. 중앙값은 전체 자료를 제일 작은 값부터 제일 큰 값까지 오름차순으로 정렬하여 가장 중앙에 위치해 있는 값을 말한다. 자료들 중에 이상값이 포함되어 있는 경우에는 중앙값을 대푯값으로 사용하면 이상값에 의해 전체 자료의 대푯값이 왜곡되지 않게 된다.

자료를 대표하는 대푯값으로 평균값, 중앙값 외에 최빈값(Mode)을 사용하기도 한다. 전체 자료들 가운데 빈도 수가 가장 많은 값이 최빈값이다. 예를 들어 고등학교 어느 학급의 학생들 신발 크기를 조사했을 때, 240부터 290까지 다양하게 분포되어 있는데 260이 가장 많다면 260이 바로 최빈값이다.

2) 산포도

앞의 예에서 고등학교 두 학급의 수학 성적자료가 다음과 같이 주어져 있을 때, 1반과 2반의 평균값이 공교롭게도 35점씩 같았다고 가정하자. 그렇다면 우리는 1반과 2반의 수학 성적이 같다고 말할 수 있다.

1반

60	40	50	30	0
20	10	20	40	30
30	100	0	5	50
40	10	70	75	20

2반

25	40	35	45	20
25	35	38	50	25
35	35	22	45	40
40	35	40	40	30

그런데 여기서 우리는 조금 더 깊이 분석해 볼 수 있는데, 바로 두 학급의 성적 분포를 살펴보는 것이다. 다음 그림에서 보는 바와 같이 1반의 성적 자료들을 보니 평균값 35점을 중심으로 많이 흩어져 있고, 반면에 2반의 성적 자료들은 평균값 35점을 중심으로 밀집되게 모여져 있다. 다시 말해 1반 성적은 아주 높은 점수도 있고 0점도 있는데, 2반의 경우는 대체로 35점 근처의 점수들로 이루어져 있다.

(1반)

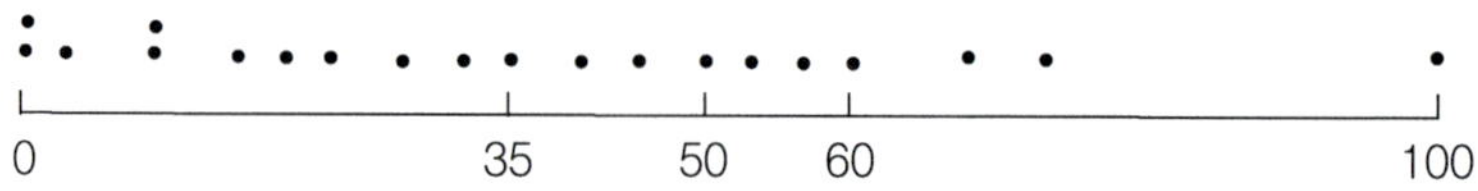

(2반)

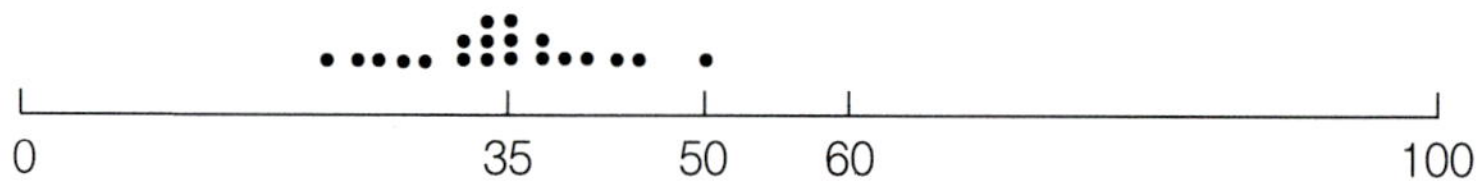

이를 좀더 구체적으로 살펴보기 위해 1반과 2반 학생들의 성적 자료들을 통계학에서 사용하는 도수분포표와 히스토그램으로 나타내 보기로 하자. 도수분포표와 히스토그램은 수치 자료들을 한눈에 쉽게 파악할 수 있도록 표와 그래프로 나타낸 것이다.

도수분포표(1반)

계급구간	도수
10이하	5
10초과 20이하	3
20초과 30이하	3
30초과 40이하	3
40초과 50이하	2
50초과 60이하	1
60초과 70이하	1
70초과 80이하	1
80초과 90이하	0
90초과 100이하	1

도수분포표(2반)

계급구간	도수
10이하	0
10초과 20이하	1
20초과 30이하	5
30초과 40이하	11
40초과 50이하	3
50초과 60이하	0
60초과 70이하	0
70초과 80이하	0
80초과 90이하	0
90초과 100이하	0

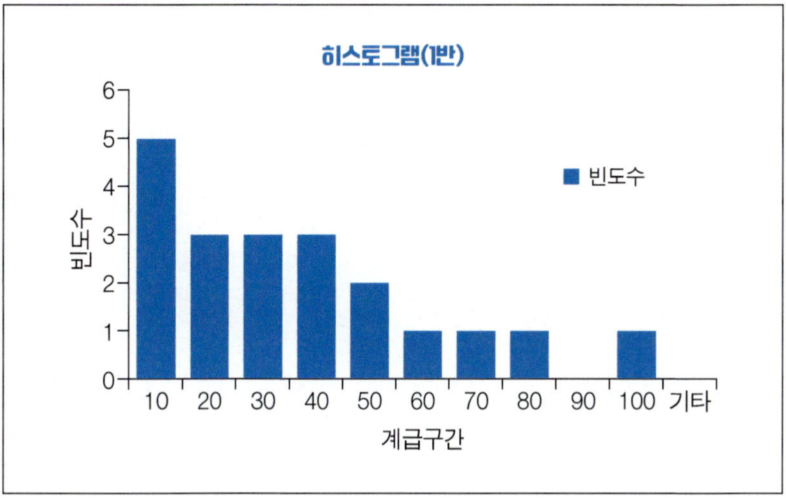

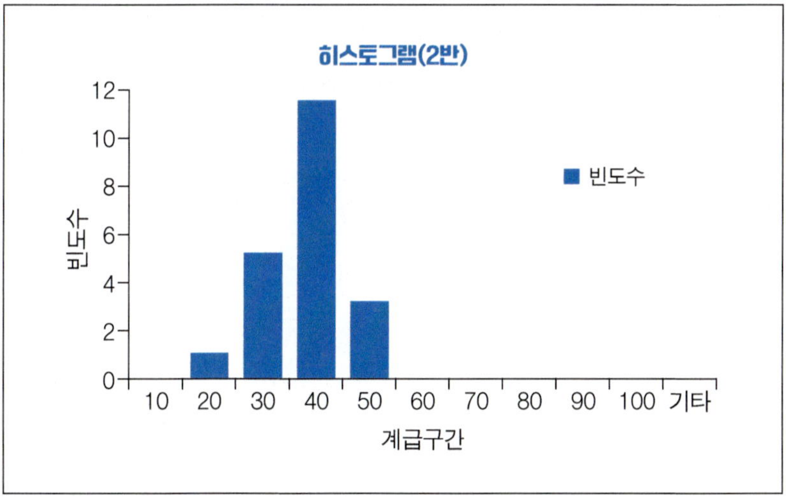

도수분포표와 히스토그램을 보면 1반과 2반 학생들의 성적 분포가 뚜렷하게 차이가 나는 것을 알 수 있다. 1반 학생들은 낮은 점수부터 높은 점수까지 넓게 분포되어 있고, 반면에 2반 학생들 성적은 평균값

주위에 밀집되어 있다. 다시 말해 1반과 2반의 성적 자료들이 평균값을 중심으로 퍼져있는 정도가 다르게 나타난다.

이와 같이 자료들이 평균값을 중심으로 얼마나 흩어져 있는지의 정도를 나타내는 특성을 산포도라고 한다. 자료의 산포도를 측정하는 도구로는 범위, 사분범위, 분산, 표준편차가 있는데, 이 중 분산과 표준편차를 가장 많이 사용한다.

분산과 표준편차를 설명하기 위해 먼저 편차(Deviation)라는 개념에 대해 설명하고자 한다. 자료의 값에서 평균값을 뺀 값을 그 자료의 편차라고 한다. 예를 들어 1반의 성적 자료들 중 60, 30, 10의 편차를 구해 보면 각각 25, −5, −25이다. 따라서 어떤 자료의 편차가 양수이면 그 자료 값이 평균값보다 크다는 것이고 자료의 편차가 음수이면 그 자료 값이 평균값보다 작다는 것을 의미한다. 그래서 편차를 모두 더하면 0이 된다.

60과 10의 편차가 각각 25, −25이다. 다음 그림에서 보는 바와 같이 60은 평균값 35보다 25만큼 크다는 것이고, 10은 평균값 35보다 25만큼 작다는 것이다. 다시 말해 자료 60과 10은 평균값에서 25만큼 떨어져 있다는 점에서는 같으나, 60은 평균값에서 25만큼 크고, 10은 평균값에서 25만큼 작다는 점이 다르다.

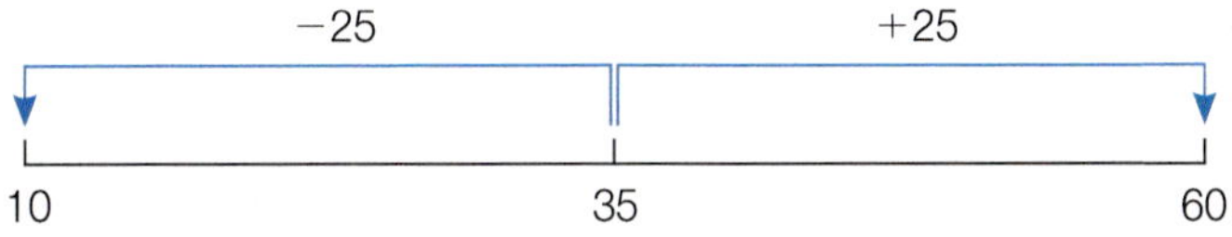

편차에 대해 이제 어느 정도 이해가 되었을 것이다. 그렇다면 전체 자료의 편차를 평균하면 어떻게 될까? 답은 0이다. 왜냐하면 편차들을 모두 합하면 0이 되기 때문이다.

자료들이 흩어져 있는 정도를 나타내는 산포도를 측정하기 위해서는 자료들이 평균값으로부터 평균적으로 얼마나 떨어져 있는지를 구하면 된다. 그런데 편차를 평균하면 0이 되기 때문에 편차 제곱을 평균하여 산포도를 구하는 것이 합리적이다. 편차 제곱을 평균한 것이 바로 분산(Variance)이다.

위의 예에서 1반과 2반 성적 자료들의 분산을 구해 보았더니, 1반은 677.5, 2반은 63.9로 구해졌다. 따라서 1반의 자료들이 2반보다 훨씬 더 흩어져 있다고 말할 수 있다. 이와 같이 분산을 비교하면 어느 집단의 자료가 상대적으로 더 많이 흩어져 있는지를 알 수 있다. 그러나 분산의 값 자체는 큰 의미가 없다. 즉, 1반의 분산값이 2반의 분산값보다 10배 이상 되니 1반의 자료들이 2반 자료들보다 10배나 더 많이 흩어져 있다는 것이 아니다. 왜냐하면 분산은 편차를 제곱하여 평균한 것이기 때문이다. 따라서 원자료들과의 차원을 맞추기 위해 분산을 다시 제곱근 하게 되면 산포도로서 좀더 의미 있는 척도가 된다. 분산을 제곱근 하여 구한 것이 표준편차이다. 1반과 2반 성적의 표준편차를 구해 보면 26과 8이다. 표준편차를 비교해 보면 1반의 자료들이 2반 자료들보다 더 많이 흩어져 있다는 것을 알 수 있을 뿐만 아니라, 1반 자료들의 흩어져 있는 정도가 2반 자료들보다 대략 3배가량 크다는 것도 알 수 있다.

8. 은행 정기예금이냐, 주식투자냐?

여유 자금이 있을 때 사람들은 그냥 현금으로 보유하기보다는 은행에 정기예금을 하거나 증권회사에 계좌를 개설하여 주식투자를 한다. 현재 1억 원의 여유 자금을 가지고 있다고 할 때, 이를 그냥 현금으로 보유하게 되면 1년 후에도 현금 1억 원으로 남아 있지만, 투자를 하면 1년 후 1억 원보다는 더 많은 금액이 될 가능성이 크기 때문이다.

여기서 한 가지 질문을 던져 보자. 만일 여러분에게 현금 1억 원이 있다면 어디에 투자할 것인가? 어떤 사람은 은행에 정기예금을 할 것이고, 또 어떤 사람은 주식투자를 할 것이다. 1억 원을 쪼개어 은행 정기예금과 주식에 분산해서 투자하는 사람도 물론 있을 것이다. 은행에 정기예금을 하는 사람은 왜 은행 정기예금을 투자 대안으로 생각한 것이며, 또 주식투자를 하는 사람은 왜 주식을 투자 대안으로 삼는지 궁금해진다.

다음 표는 2001년부터 2024년까지 주식투자와 은행 정기예금의 연도별 평균 수익률을 나타낸 것이다. 위의 표가 연도별 코스피(KOSPI) 평균 수익률을 나타내고, 아래 표가 연도별 평균기준금리를 나타낸다.

37.47	−5.30	23.41	10.51	53.96	3.99	32.25	−40.73
49.66	21.88	−10.98	9.38	0.72	−4.76	2.39	3.32
21.76	−17.28	7.67	30.75	3.63	−24.89	18.73	−9.63

4.56	4.25	3.88	3.38	3.63	4.25	4.88	4.42
2.25	2.38	3.00	2.88	2.50	2.00	1.63	1.25
1.50	1.75	1.38	0.63	0.88	2.21	3.50	3.25

만일 나에게 1억 원의 자금이 주어져 있고 이를 주식이나 은행 정기예금 중에 어디에 투자할 것인지 결정해야 한다고 가정해 보자. 내가 투자의사결정을 하기 위해 우선 지난 24년 동안의 주가지수와 기준금리에 대한 자료를 이용하는 것이 도움이 될 것이다. 먼저 각 자료의 평균값을 구해 보기로 한다. 이를 통해 과연 어느 투자 대안이 수익률 면에서 더 좋은지 알 수 있기 때문이다. 연평균 수익률의 평균값을 구해 보니 주식투자는 9.08%, 은행 정기예금은 2.76%로 나타났다. 과거의 자료에 의하면 주식투자의 연평균 수익률이 은행 정기예금보다 3배 이상 높기 때문에 당연히 주식에 1억 원을 투자하는 것이 좋겠다고 생각한다. 그런데 주가지수 연도별 평균 수익률 자료를 자세히 보니, 수익률이 마이너스인 경우가 전체 24개 연도 중에 7개 연도나 되어 주식투자를 망설이게 한다. 물론 큰 수익률을 보인 연도도 많이 있었지만, 내가 만일 보수적인 투자성향을 가진 투자자라면 안전하게 정기예금을 택할 것이다. 반면에 투기적 성향을 가진 사람이라면 아마도 주식에 투자할 것이다. 주식에 투자하면 손해를 볼 수도 있지만, 잘 하면 큰 수익을 볼 수 있기 때문이다. 그렇다면 여러분은 어떤 투자성향을 가지고 있으며 어디에 투자할 것인가?

주식투자와 은행 정기예금의 연도별 평균 수익률 자료를 좀더 깊이 있게 분석해 보자. 일단 평균값을 비교하면 주식투자의 수익률 평균이 높지만, 연도별로 수익률의 편차가 너무 크다는 것을 알 수 있다.

투자에서는 이것을 위험(Risk)이라 한다. 위험을 나타내는 척도가 분산 또는 표준편차이다. 표준편차를 구해 보면 주식투자가 22.16, 은행 정기예금이 1.22이다. 그래서 주식투자가 수익률 평균에서는 높지만, 표준편차가 커서 투자 위험이 높다는 것을 알 수 있다. 여기서 정확한 분석을 위해 고려해야 할 것이 있다. 표준편차가 크다고 무조건 위험이 큰 것은 아니다. 표준편차를 단순비교할 것이 아니라 평균값에 비해 표준편차가 어느 정도 되느냐를 따져 위험을 측정해야 한다. 평균값에서 표준편차가 차지하는 비율을 변동계수(Coefficient of Variation)라고 하는데, 다음과 같은 방식으로 변동계수를 구하여 위험을 비교하면 된다.

$$\text{변동계수} = \frac{\text{표준편차}}{\text{평균값}}$$

주식투자와 은행 정기예금 수익률의 변동계수를 구해 보니

$$\text{주식투자} = \frac{22.16}{9.08} = 2.44$$

$$\text{은행 정기예금} = \frac{1.22}{2.76} = 0.44$$

주식투자의 경우 수익률은 높지만 위험이 너무 커서 자칫 잘못하다가는 큰 손실을 볼 수 있다. 따라서 투기적 성향을 가진 투자자라면 주

식투자가 은행 정기예금보다는 매력적일 수 있다. 그러나 보수적인 관점에서 투자하는 사람들은 주식투자보다는 안정적인 정기예금을 선호하게 되는 것이다. 한국은행이 고시한 기준금리를 보면 2025년 1월 3%, 2025년 2월 2.75%이었다. 따라서 은행에 금리 2.75%로 정기예금하는 경우, 은행이 도산하지 않는 한 확실하게 1년 후 2.75%의 수익률을 얻게 된다.

9. 기댓값 650원인 연금복권을 1,000원 주고 사다

연금복권 구입 가격은 1,000원인데, 연금복권의 기대가치를 계산해 보자. 연금복권에는 일련번호가 1조부터 5조까지 각 조 6자리의 숫자로 구성되어 있다. 6자리 숫자는 000000부터 999999까지 표기가 되므로 총 100만 개의 서로 다른 숫자가 나타나게 된다. 따라서 각 조별로 100만 장씩 발매가 되므로 총 500만 장의 복권이 발행된다.

다음 표는 연금복권의 당첨금액과 당첨확률을 보여준다. 여기서 1등, 2등과 보너스 등수는 당첨금을 연금으로 받게 되고, 3등부터 7등

까지는 당첨금을 단 한 번만 받게 된다.

등수	당첨금액	당첨확률
1등	월 700만 원×20년	500만분의 1
2등	월 100만 원×10년	500만분의 4
3등	100만 원	10만분의 1
4등	10만 원	1만분의 1
5등	5만 원	1천분의 1
6등	5천 원	100분의 1
7등	1천 원	10분의 1
보너스	월 100만 원×10년	100만분의 1

참고로 연금복권 254회 당첨번호(2025년 3월 13일 추첨)는 다음과 같다.

등수	당첨금액	당첨조	당첨번호					
1등	월 700만 원×20년	5조	0	4	5	0	8	3
2등	월 100만 원×10년	1조	0	4	5	0	8	3
		2조	0	4	5	0	8	3
		3조	0	4	5	0	8	3
		4조	0	4	5	0	8	3
3등	100만 원	각 조	–	4	5	0	8	3
4등	10만 원	각 조	–	–	5	0	8	3
5등	5만 원	각 조	–	–	–	0	8	3
6등	5천 원	각 조	–	–	–	–	8	3
7등	천 원	각 조	–	–	–	–	–	3
보너스	월 100만 원×10년	각 조	8	2	9	3	1	6

1등 당첨금은 20년 즉 240개월 동안 매달 700만 원씩 연금으로 받는다. 세금 22%(소득세 20% + 지방세 2%)를 제하고 실제 수령하는 금액은 매달 546만 원이다. 240개월 동안 받는 연금 총 수령액은 단순 계산하면 13억 1,040만 원이다. 미래에 수령하는 금액을 현재가치로 환산해서 정확히 계산하면 이보다 많이 줄어들지만, 계산 편의상 매달 받는 546만 원에 240개월을 곱하면 13억 1,040만 원이 된다. 마찬가지로 2등과 보너스 등수의 당첨금은 10년(120개월) 동안 매달 100만 원씩 받는데, 이 역시 세금 22%를 제하면 매달 실수령액은 78만 원이다. 연금 총수령액을 단순 계산하면 9,360만 원이다.

자, 그러면 연금복권의 기댓값을 계산해 보자. 연금복권 기댓값은 각 등수에 해당하는 당첨금액에 당첨확률을 곱해서 모두 더해주면 된다.

$$
\begin{aligned}
\text{연금복권 기댓값} &= 1{,}310{,}400{,}000 \times \frac{1}{5{,}000{,}000} \\
&\quad + 93{,}600{,}000 \times \frac{4}{5{,}000{,}000} \\
&\quad + 1{,}000{,}000 \times \frac{1}{100{,}000} \\
&\quad + 100{,}000 \times \frac{1}{10{,}000} \\
&\quad + 50{,}000 \times \frac{1}{1{,}000} \\
&\quad + 5{,}000 \times \frac{1}{100}
\end{aligned}
$$

$$+1{,}000\times\frac{1}{10}$$

$$+93{,}600{,}000\times\frac{1}{1{,}000{,}000}$$

$$=650.56$$

대략 650원 정도 된다. 그런데 연금복권 기댓값이 650원인데 사람들은 1,000원을 주고 연금복권을 사는 것이다. 기댓값을 비교하여 의사결정을 하는 위험중립자 입장이라면 현금 1,000원을 주고 연금복권을 사지 않아야 한다. 그런데 왜 사람들은 기댓값이 650원인 연금복권을 1,000원에 사는 것일까? 가장 큰 이유는 당첨확률이 비록 낮지만 1등이나 2등에 당첨되었을 때 큰돈을 벌 수 있다는 기대감 때문이다. 또한 1,000원이라는 돈이 큰 금액이 아니기 때문에 당첨되지 않더라도 그다지 아깝게 생각하지 않는다는 것이다. 여기서 한 가지 재미있는 예를 들어보자.

만일 연금복권이 1,000원이 아니라, 1,000원의 100배인 10만 원이라고 가정하자. 물론 이때 각 당첨 등수에 해당하는 금액이 현재보다 각각 100배씩 동일한 비율로 증가한다고 하자. 즉 1등을 하면 월 7억씩 20년 동안 연금을 받고, 2등과 보너스 등수의 경우 매달 1억씩 10년 동안 연금을 받고, 3등은 당첨금액이 1억, 4등은 천만 원, 5등은 500만 원, 6등은 50만 원, 7등은 10만 원이다. 이런 연금복권이 있을 때 당신은 연금복권을 사겠는가? 아마도 살 사람이 많이 없을 것이다. 동일한 의사결정 상황에서 사람의 입장이 바뀌는 이유는 자신의 재정 상태나 투자 규모에 따라 동일한 사람이 위험선호자가 되었다가, 때로는 위험기피자가 되기도 하기 때문이다. 연금복권이 1,000원일 때 쉽게 복권을 사던 사람이 연금복권이 10만 원인 경우 복권을 사지 않는다면, 앞의 경우엔 위험선호자였다가 뒤의 경우 위험기피자 내지는 위험중립자가 되는 것이라 할 수 있다.

10. 전수조사와 표본조사

우리나라에는 여론조사기관들이 많이 있다. 특히 선거철이 되면 여론조사기관들이 앞다투어 후보별, 정당별 지지율 조사를 한다. 여론조사의 목적은 선거철 지지율 조사 외에도 많이 있다. 기업 제품에 대한 소비자 선호도 조사, 국가나 지방자치단체의 새로운 정책에 대한 시민 지지도 조사, 혐오시설 설치에 대한 지역주민 찬반 조사 등등이 그것이다.

일반적으로 여론조사는 전수조사와 표본조사로 나눌 수 있다. 전수조사는 모집단(Population) 전체를 대상으로 조사하는 것이고, 표본조사는 모집단의 일부를 표본(Sample)으로 추출하여 이 표본을 대상으로 조사를 하는 것이다. 정확한 조사를 위해서는 당연히 모집단 전체를 대상으로 하는 전수조사를 해야 한다. 그러나 모집단 전체의 조사 대상 파악이 불가능하여 전수조사 자체가 불가능할 수 있다. 또 전수조사가 가능하더라도 시간과 비용이 많이 들 경우가 많다.

어느 지역구의 국회의원 후보자들에 대한 지지율 조사를 하는 예를 한번 들어보자. 모집단은 그 지역구에 주민등록이 되어 있는 만 18세 이상 유권자 전체이다. 만일 그 지역구의 유권자가 15만 명이라 할 때, 15만 명 전체를 대상으로 지지하는 후보를 조사하는 것이 전수조사이다. 전수조사를 하면 그 지역구 유권자들의 전체 의사를 정확하게 파악할 수 있지만, 시간과 비용 면에서 대단히 비효율적이라 할 수 있다. 그래서 표본조사를 하는 것이다.

표본은 모집단에서 일부를 추출한 조사 대상을 말한다. 모집단, 표본, 표본조사의 관계를 그림으로 쉽게 표현하면 다음과 같다.

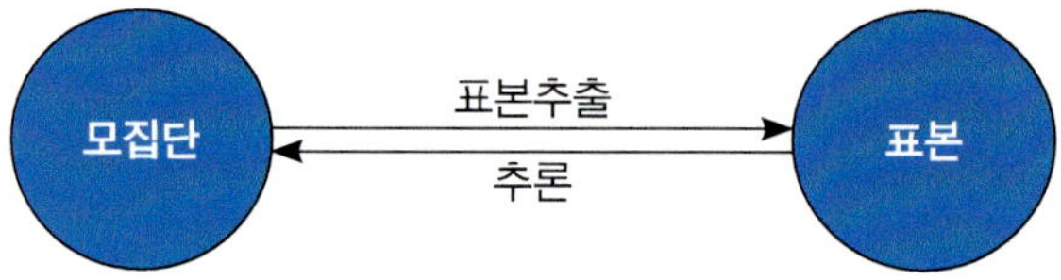

그림에서 보는 바와 같이 표본조사란 모집단으로부터 추출한 표본을 대상으로 특성을 조사하고, 조사한 결과를 이용하여 모집단의 특성을 추론하는 것을 의미한다.

여기서 15만 명의 유권자 전체가 모집단이다. 만일 15만 명의 유권자들 중에 단 천 명의 유권자들만 뽑아서 후보자별 지지율 조사를 했다고 하자. 천 명의 유권자들이 바로 표본이다.

여기서 우리는 한 가지 중요하게 고려해야 할 것이 있다. 만일 천 명의 표본을 특정 동네에서만 추출한다든지, 여성들만을 대상으로 추출한다든지, 60대 이상만을 대상으로 추출한다든지 하면 어떻게 될까? 이렇게 하면 표본조사를 통해 얻은 결과로 모집단 전체의 특성을 추론하는 데 왜곡이 생긴다. 즉, 표본이 모집단으로부터 골고루 추출되지 않았기 때문에, 표본으로부터 조사한 지지율로 15만 명 전체의 지지율을 추론하기가 곤란하다.

따라서 모집단의 일부를 표본으로 추출하여 조사할 때, 이 표본의 특성으로 모집단의 특성을 추론하는 데 오차가 거의 없어야 한다. 그러나 현실적으로 모집단을 완전하게 대표하는 표본을 구하기는 불가능하다. 다만, 표본이 모집단을 최대한 대표할 수 있도록 모집단으로부터 표본이 고르게 추출되도록 할 수는 있다. 이를 위해 사용되는 표본 추출 방법이 무작위 표본 추출법(Random Sampling)이다. 이 예에서는 지역구 내에 분포하는 동별, 성별, 연령별 등으로 골고루 표본을 추출하는 것이다. 그렇게 표본을 추출해야 표본을 통한 조사 결과를 이용하여 모집단 특성을 제대로 추론할 수 있다는 것이다.

11. 여론조사에서 신뢰수준과 표본오차가 무슨 뜻인가?

우리는 선거철에 종종 다음과 같은 기사를 접한다.

> 이번 지지율 여론조사에서 응답자 수는 1,000명으로 95% 신뢰수준에서 표본오차가 ±3.1%이다.

위와 같은 내용이 의미하는 바가 무엇인지 정확하게 아는 사람들은 의외로 많지 않다. 지금부터 위의 내용이 무엇을 의미하는지 이해하기 위해 다음의 예를 들어 설명해 보기로 한다.

> 국회의원 선거를 앞두고 A, B, C 세 명이 국회의원 후보로 등록한 어느 지역구를 대상으로 지지율 조사를 하였다. 이 지역 유권자 1,000명을 대상으로 지지율 조사를 한 결과, A 후보 40%, B 후보 35%, C 후보 20%, 지지후보 없음 5%로 나타났다. 이번 조사에서 응답자 수는 1,000명으로 95% 신뢰수준에서 표본오차가 ±3.1%이다.

유권자 1,000명을 대상으로 표본조사를 하였기 때문에 국회의원 본선거에서도 동일한 결과가 나오는 것은 아니다. 다만, 표본조사를 통해 본선거 결과를 추측해 볼 수가 있다.

여기서 95% 신뢰수준에서 표본오차가 ±3.1%라는 의미에 대해 알아보기 위해 몇 가지 용어들과 개념을 먼저 설명해 보기로 한다. 표본을 통한 여론조사에서 구해진 A, B, C 후보 지지율 40%, 35%, 20%를 표본비율(Sample Ratio)이라 한다. 한편 전체 유권자를 대상으로 한 본선거에서 얻게 될 A, B, C 후보 지지율을 모집단비율(Population Ratio) 또는 간단히 모비율이라 한다.

A 후보의 표본비율이 40%이므로 신뢰수준 95%에서 모비율이 포함될 신뢰구간(Confidence Interval)은 다음과 같이 표본비율에 표본오차를 반영하여 구하게 된다.

40%±3.1% → [36.9%, 43.1%]

이를 설명하면 본선거에서 A 후보가 얻게 될 지지율 즉, 모비율이 [36.9%, 43.1%]의 범위에 들 확률이 95%라는 의미이다.

자, 이제 신뢰수준을 99%로 올렸을 때 본선거에서 A 후보 지지율에 대한 신뢰구간을 구해 보기로 하자. 신뢰수준 99%에서의 표본오차는 ±4.1%이다. (표본오차가 ±4.1%로 계산되는 과정은 나중에 설명하기로 한다.) 따라서 신뢰수준 99%에서 A 후보의 본선거 지지율에 대한 신뢰구간은 다음과 같다.

40%±4.1% → [35.9%, 44.1%]

한편 신뢰수준 90%에서의 표본오차는 ±2.6%이다. 신뢰수준 90%에서 A 후보의 본선거 지지율에 대한 신뢰구간은 다음과 같다.

40%±2.6% → [37.4%, 42.6%]

신뢰수준별로 A 후보의 본선거 지지율에 대한 신뢰구간을 표로 간단히 정리해 보았다.

신뢰수준	신뢰구간
90%	[37.4%, 42.6%]
95%	[36.9%, 43.1%]
99%	[35.9%, 44.1%]

신뢰수준 95%일 때 신뢰구간을 기준으로 신뢰수준 99%인 신뢰구간과 신뢰수준 90%인 신뢰구간을 비교해 보면, 신뢰수준을 99%로 올

리면 신뢰구간이 넓어지고 신뢰수준을 90%로 낮추면 신뢰구간의 폭이 좁아짐을 알 수 있다. 다시 말해 신뢰수준을 99%로 올리면 신뢰구간이 넓어지고 모비율이 포함될 확률 99%로 올라간다. 신뢰수준 95%일 때와 비교하면 신뢰수준 99%일 때의 신뢰구간의 폭이 더 넓어지므로 모비율이 포함될 확률이 높아진다는 뜻이다. 그러나 신뢰구간의 폭이 넓어지게 되면 정보로서의 가치가 떨어진다. 예를 들어 A 후보의 본선거 지지율이 0%~100%라고 한다면 당연히 이 구간 내에 포함될 확률이 100%이다. 그러나 이는 정보로서의 가치가 전혀 없게 된다. 반면에 신뢰수준을 90%로 낮추면 신뢰구간의 폭이 좁아져 정보로서의 가치는 올라가나, 모비율이 포함될 확률은 90%로 낮아지게 된다.

결론적으로 신뢰수준을 높이면 신뢰구간의 폭이 넓어져 모비율이 포함될 확률이 높아지나 정보로서의 가치는 낮아지고, 반대로 신뢰수준을 낮추면 신뢰구간 폭이 좁아져 정보로서의 가치는 높아지나 모비율이 포함될 확률이 낮아진다. 이때 우리는 이런 질문을 해 볼 수 있다.

"신뢰구간의 폭을 좁히면서 모비율이 포함될 확률을 높이는 방법이 없을까?"

방법은 있다. 표본 수를 늘리면 된다. 다음 표는 표본 수가 1000, 2000, 3,000일 때 신뢰수준별로 표본오차를 각각 나타낸 것이다.

표본 수 / 신뢰수준	1,000	2,000	3,000
90%	±2.6%	±1.8%	±1.5%
95%	±3.1%	±2.2%	±1.8%
99%	±4.1%	±2.9%	±2.4%

표본 수가 1,000일 때 95% 신뢰수준에서의 신뢰구간의 폭과 표본 수가 2,000일 때의 99% 신뢰수준에서의 신뢰구간 폭의 폭을 비교해 보자. 표본 수가 1,000일 때 95% 신뢰구간의 폭은 6.2%이고, 표본 수 2,000일 때의 99% 신뢰구간의 폭은 5.8%이다. 따라서 표본 수가 1,000일 때 95% 신뢰구간보다 표본 수가 2,000일 때의 99% 신뢰구간 폭이 더 좁아진다. 다시 말해 표본 수를 늘리면 구간의 폭이 더 좁아지면서도 모비율이 포함될 확률을 더 높일 수 있다는 뜻이다. 물론 표본 수를 3,000으로 더 늘리면 신뢰구간의 폭은 더 좁아지게 된다.

박스 사례[2]

주 4.5일제 시행 찬성 48% 반대 42%

다가오는 대선의 핵심 공약으로 등장한 주 4.5일제에 대한 찬성 여론이 오차범위 내에서 반대 여론을 앞서는 것으로 나타났다. 특히 정책이 실현될 경우 주요 대상층인 20~50대와 사무관리직에서 주 4.5일제에 대한 선호도가 높았다. 서울경제신문이 한국갤럽에 의뢰해 이달 6~7일 전국 만 18세 이상 남녀 1,014명을 상대로 실시한 여론조사 결과에 따르면 찬성 여론은 48%, 반대 여론은 42%로 집계됐다. 서울경제·한국갤럽 여론조사의 표본오차는 95% 신뢰 수준에 ±3.1% 포인트다.

2) 김예솔(2025.05.08.). "주 4.5일제 시행 찬성 48% 반대 42%", 서울경제(https://www.sedaily.com/NewsView/2GSPV32SCU)

12. 표본오차는 어떻게 구하나?

앞에서 예를 든 지지율 조사와 같이 표본을 통해 표본비율을 구했을 때, 표본오차를 구하는 계산공식은 다음과 같다.

$$\pm Z_{\frac{\alpha}{2}} \sqrt{\frac{0.5 \times 0.5}{n}}$$

여기서 n은 표본 크기 즉, 표본 수를 나타내며, $Z_{\frac{\alpha}{2}}$는 표준정규분포(평균이 0이고, 표준편차가 1인 정규분포)에서 오른쪽 꼬리 부분의 면적이 $\frac{\alpha}{2}$인 Z값을 의미한다. 다음 그림은 표준정규분포 그래프인데, 여기서 오른쪽 끝 꼬리 부분의 면적이 0.025인 Z값이 1.96임을 이해할 수 있다.

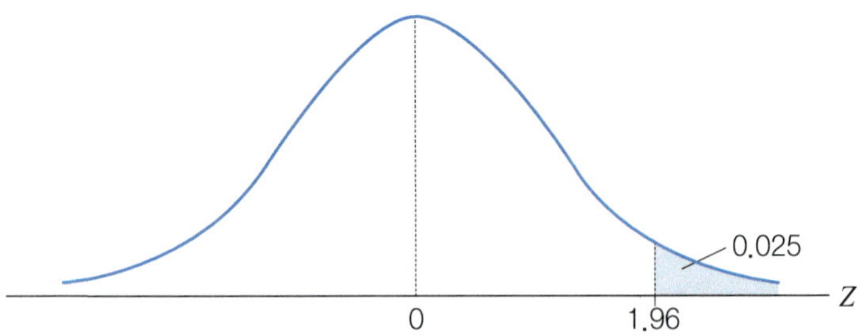

표준정규분포 그래프 아래쪽 전체 면적은 1인데, 이 그림을 통해서 다음과 같은 사실을 알 수 있다.

$$P(Z \geq 1.96) = 0.025$$

즉, 표준정규분포를 따르는 확률변수 Z가 1.96보다 클 확률은 0.025이다.

신뢰수준별 $Z_{\frac{\alpha}{2}}$는 다음 표와 같다.

신뢰수준	오차율 α	$Z_{\frac{\alpha}{2}}$
90%	0.1	$Z_{0.05}=1.645$
95%	0.05	$Z_{0.025}=1.96$
99%	0.01	$Z_{0.005}=2.576$

신뢰수준 95%에서의 표본오차를 표본 수가 1,000, 2,000일 때 각각 구해 보자.

(표본 수가 1,000일 때)

$$\pm 1.96\sqrt{\frac{0.5 \times 0.5}{1,000}} = \pm 3.1\%$$

(표본 수가 2,000일 때)

$$\pm 1.96\sqrt{\frac{0.5 \times 0.5}{2,000}} = \pm\ 2.2\%$$

이제 신뢰수준 99%에서의 표본오차를 표본 수 1,000, 2,000일 때 각각 구해 보자.

(표본 수가 1,000일 때)

$$\pm 2.576\sqrt{\frac{0.5 \times 0.5}{1,000}} = \pm\ 4.1\%$$

(표본 수가 2,000일 때)

$$\pm 2.576\sqrt{\frac{0.5 \times 0.5}{2,000}} = \pm\ 2.9\%$$

13. A 후보가 B 후보에 비해 오차범위 내에서 앞서고 있다

1,000명을 대상으로 표본조사를 하게 되면 표본오차가 95% 신뢰수준에서 ±3.1%이다. 그래서 본선거를 하면 A, B, C 세 후보의 지지율은 각각 다음과 같은 범위로 나타난다.

- A 후보: 40%±3.1% → [36.9%, 43.1%]
- B 후보: 35%±3.1% → [31.9%, 38.1%]
- C 후보: 20%±3.1% → [16.9%, 23.1%]

물론 이 지지율 범위가 신뢰수준 95%에서의 결과이므로, 오차율 5%의 확률로 이 범위 내에 본선거 지지율이 포함되지 않을 수 있다. 지지율 조사 결과 우리는 다음과 같이 말한다.

"A 후보는 B 후보에 비해 오차범위 내에서 앞서고 있다."

다시 말해 표본조사에서는 A 후보 지지율이 40%, B 후보 지지율이 35%이므로, A 후보가 B 후보에 앞섰지만, 본선거에서는 역전될 수 있다는 뜻이다. 왜냐하면 A 후보의 지지율 범위 하단값(36.9%)이 B 후보의 지지율 범위 상단값(38.1%)보다 작기 때문이다. 만일 1,000명을 대상으로 한 여론조사에서 A 후보 지지율이 42%, B 후보 지지율이 35%로 나타났다고 하자. 그러면 95% 신뢰수준에서 ±3.1%의 표본오차를 감안할 때, 본선거에서의 지지율 범위가 A 후보는 [38.9%, 45.1%], B 후보는 [31.9%, 38.1%] 이므로 다음과 같이 표현한다.

"A 후보는 B 후보에 비해 오차범위 밖에서 앞서고 있다."

다시 말해 본선거에서도 A 후보는 B 후보에게 뒤지지 않는다고 결론을 내린다. 다만, 95% 신뢰수준에서의 결론이므로 이러한 결론이 잘못될 확률이 오차율 5%만큼 존재함을 감안해야 한다.

14. 여론조사에서 20%를 앞서고도 본투표에서 뒤집히다

언젠가 본선거에서의 결과가 선거를 앞두고 실시한 여론조사 결과와 너무 다르게 나타나 뉴스에 나온 기사 제목이 떠오른다. 정상적인 여론조사라면 이런 일이 발생할 가능성은 거의 없다. 실제로 이런 일이 발생했다면 그 이유는 다음 세 가지뿐이다.

- 적은 표본 수
- 표본의 왜곡 추출
- 의도적 여론 조작

1) 적은 표본 수

동일한 신뢰수준에서 표본 수를 작게 할수록 표본오차가 커진다. 예를 들어, 전체 유권자들 중 500명의 표본을 대상으로 후보자 지지율 조사를 했다면 95% 신뢰수준에서 표본오차는 ±4.4%이다. 따라서 여론조사 결과 1위 후보가 2위 후보에 비해 8.8% 이상 앞선다면 본투표에서 뒤집히지 않는다고 결론 내릴 수 있다(물론 이 결론이 잘못될 확률이 5%이다). 표본 수가 500, 200, 100, 90일 때 각각 95% 신뢰수준에서 표본오차를 정리한 표는 다음과 같다.

신뢰수준 \ 표본 수	500	200	100	90
95%	±4.4%	±6.9%	±9.8%	±10.3%

이 표를 보면 표본 수가 적어질수록 표본오차가 커짐을 알 수 있다. 만일 90명의 표본을 대상으로 지지율 조사를 해서 1위 후보가 2위 후보에게 20%를 앞섰다면 이론적으로 본투표에서 뒤집힐 수 있다. 물론 90명보다 더 적은 표본을 대상으로 조사할 경우에도 마찬가지로 이런 결과가 나올 가능성이 있다.

2) 표본의 왜곡 추출

만일 90명보다 훨씬 많은 유권자를 대상으로 여론조사를 실시했음에도 이런 결과가 나타날 두 번째 경우는 바로 표본을 왜곡 추출할 때이다. 표본의 특성을 이용하여 모집단 특성을 추론하는 경우 가장 중요한 것이 무작위표본추출에 의해 표본을 추출하는 것이다. 즉, 본선거에서의 지지율을 추론하기 위해 유권자들의 표본을 추출할 때, 특정 성별이나 특정 연령대에 편중해서 추출한다든지, 특정 직업군을 가진 유권자들만을 대상으로 추출한다든지, 잘 사는 특정 동네에 거주하는 유권자들을 대상으로 추출하면 안 된다는 것이다. 성별, 연령별, 거주지역별 등을 고려하여 치우치지 않게 균등하게 고루 추출해야만 모집단의 특성을 반영할 수 있는 표본이 되는 것이다.

3) 의도적 여론 조작

표본 수도 아주 많고 무작위표본추출에 의해 표본을 추출했으면 '여론조사에서 20%를 앞서고도 본투표에서 뒤집히다'와 같은 결과는 발생하지 않는다. 그럼에도 불구하고 이런 결과가 나타났다면, 이는 분명 여론조사기관의 조작으로 인한 것이다. 예를 들어 특정 후보자가 여론조사기관에 지지율 조사를 의뢰하고 여론조사기관이 의뢰한 후보자에게 유리한 조사 결과가 나오도록 의도적으로 조작한다면, 여론조사에서 많이 앞서고도 실제 본선거에서는 뒤집히는 결과가 나오게 되는 것이다. 여론조사기관이 실제로 이런 조작을 저질렀다면 이는 불법이고 처벌 대상이 된다. 최근 세상을 떠들썩하게 했던 어느 지방의 여론조사연구소의 여론 조작 같은 불법적 행위가 바로 이런 경우에 해당된다.

박스 사례[3)]

엉터리 여론조사 구별, '5% 통계 규칙'

지난 8일 대선 일정 공고로 '선거의 계절'이 도래했다. 앞으로 각종 대선 여론조사 결과가 쏟아져 나올 것이다. 그런데 조사 결과가 들쑥날쑥할 경우, 어떤 조사를 믿어야 할까. 탄핵정국에서도 거의 매일 여론조사 결과가 발표됐다. 하지만 조사기관마다 결과가 널뛰기하는 바람에 정확한 민심을 읽어내기 쉽지 않았다. 2010년 서울시장 선거에서도 대부분 조사가 오세훈 후보의 압도적 승리를 예측했지만 실제로는 0.6%p 차이로 오 후보가 신승했다. 당시 여론조사는 집 전화번호만 대상으로 수행돼 휴대폰만 사용하는 집단의 의견이 반영되지 못한 점이 문제로 지적됐다. 이 문제를 해결하기 위해 이후 여론조사는 휴대전화 번호를 포함한 방식이 도입됐다. 조사 방식이 여론조사 신뢰도에 얼마나 큰 영향을 미치는지를 보여주는 사례다.

3) 장원철(2025.04.11.). "엉터리 여론조사 구별, '5% 통계 규칙'", 한국일보(https://www.hankookilbo.com/News/Read/A2025040913410001130)

15. 프로젝트 관리: 전체 프로젝트를 가장 빨리 끝낼 수 있는 시간은?

1) 각 활동의 가장 빠른 완료시간 구하기

다음 같은 예를 한번 보자. 전체 프로젝트는 A, B, C, D 등 모두 4개의 세부 활동들로 구성되어 있다. 활동 A는 3시간이 소요되고, 활동 B, C, D는 각각 4시간, 2시간, 1시간씩 소요된다. 활동들 사이에 표시된 화살표는 활동들의 선후 관계를 나타낸다. 즉, 활동 B는 활동 A가 끝나야 시작할 수 있고, 활동 C는 활동 B가 끝나야 시작할 수 있다는 뜻이다. 활동 A부터 시작해서 마지막 활동 D가 완료되면 전체 프로젝트는 끝이 난다.

자, 그러면 전체 프로젝트를 가장 빨리 마치면 몇 시간 만에 끝낼 수 있나? 각 활동별로 예정된 소요시간을 지체하지 않고 완료한다면 10시간 만에 마치는 것이 가장 빨리 마치는 것이다. 즉, 전체 프로젝트

완료시간이 10시간보다 더 짧을 수는 없다.

이제 또 다른 예를 한번 보자. 전체 프로젝트는 모두 5개의 활동들로 구성되어 있다. 마지막 활동인 활동 D가 끝나면 전체 프로젝트는 완료된다. 활동 C의 선행 활동이 B, E 두 개이므로, 활동 C는 활동 B와 활동 E가 모두 끝나야 비로소 시작할 수 있다. 이 예에서 전체 프로젝트를 가장 빨리 완료할 수 있는 시간은 몇 시간인가? 각자 계산해 보기 바란다.

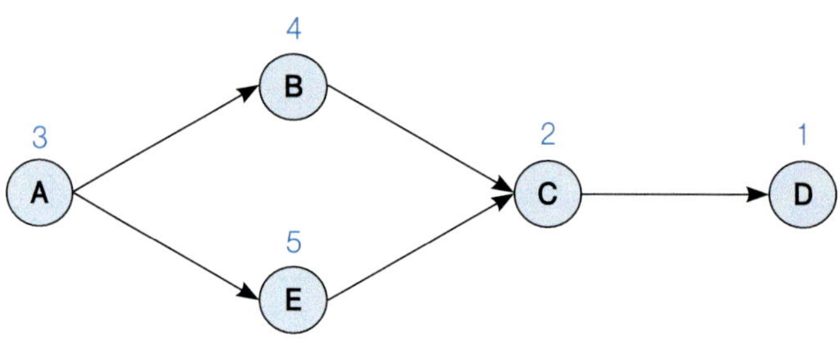

답을 구하기 위해 가장 중요하게 살펴보아야 할 것이 있다. '활동 C가 가장 빨리 시작할 수 있는 시간'이 언제인가 하는 것이다. 처음 프로젝트가 시작된 이후로 7시간 후인가, 아니면 8시간 후인가? 답은 8시간 후이다. 활동 C는 처음 프로젝트가 시작되고 아무리 빨라도 8시간이 지나야만 시작할 수 있다. 활동 B는 아무리 빨라도 7시간 만에 마칠 수 있고, 활동 E는 아무리 빨라도 8시간 만에 마칠 수 있다. 따라서 활동 C가 가장 빨리 시작할 수 있는 시간은 선행 활동들의 가장 빠른 완료시간들 중 큰 값인 8시간 이후가 되는 것이다. 활동 C가 8시간 이후 시작하여 10시간 만에 마치고 마지막 활동 D는 11시간 만에 마치게 된다. 이것이 전체 프로젝트를 가장 빨리 완료할 수 있는 시간이 되는 것이다.

이제 조금 더 복잡한 프로젝트에 대해 알아보자.

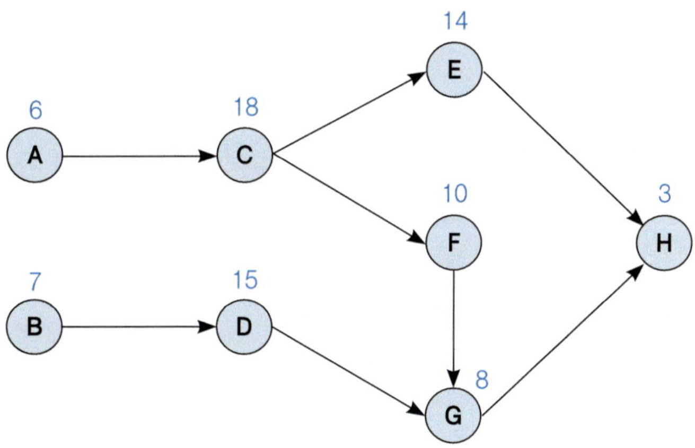

전체 프로젝트는 A, B, C, D, E, F, G, H 등 모두 8개의 활동들로 구성되어 있다. 활동 A와 활동 B는 프로젝트 시작과 함께 동시에 가장 먼저 시작할 수 있다. 마지막 활동 H가 끝나면 전체 프로젝트는 완료된다. 전체 프로젝트가 가장 빨리 완료될 수 있는 시간은 몇 시간 만인가?

답을 구하기 전에 우선 몇 가지 질문들에 대해 답을 해 보기로 하자. 활동 A와 B의 가장 빠른 시작시간과 가장 빠른 완료시간은 각각 얼마인가? 활동 A의 가장 빠른 시작시간은 0이고, 가장 빠른 완료시간은 6시간이다. 활동 B의 가장 빠른 시작시간은 0이고, 가장 빠른 완료시간은 7시간이다. 그렇다면 활동 C와 D의 가장 빠른 시작시간과 가장 빠른 완료시간은 얼마인가? 활동 C의 가장 빠른 시작시간은 6시간 후이고, 가장 빠른 완료시간은 24시간 만이다. 활동 C는 아무리 빨라도 24시간 이전에는 완료될 수 없다는 뜻이다. 한편, 활동 D의 가장 빠른 시작시간은 7시간 후이고, 가장 빠른 완료시간은 22시간 만이다. 활동 E와 F의 가장 빠른 시작시간과 가장 빠른 완료시간도 쉽게 구할 수 있다. 다음 표는 활동 A, B, C, D, E, F의 가장 빠른 시작시간과 가장 빠른 완료시간을 구한 결과이다.

활동	가장 빠른 시작시간	가장 빠른 완료시간
A	0	6
B	0	7
C	6	24
D	7	22
E	24	38
F	24	34

이제 활동 G의 가장 빠른 시작시간과 가장 빠른 완료시간은 얼마인지 구해 보자. 우선 가장 빠른 시작시간은 22시간 이후인가, 34시간 이후인가? 답은 34시간 이후이다. 활동 G의 선행 활동은 활동 D와 F이고, 선행 활동들의 가장 빠른 완료시간들 중 큰 값인 34시간 이후가 되는 것이다. 즉, 활동 G는 34시간이 경과한 후에 시작하는 것이 가장 빨리 시작하는 시간이 되는 것이다. 그러면 활동 G의 가장 빠른 완료시간은 42시간 만이다.

마지막 활동인 H의 선행 활동은 활동 E와 G이므로, 활동 H의 가장 빠른 시작시간은 선행 활동 E와 G의 가장 빠른 완료시간들 중 큰 값인 42시간 이후이다. 따라서 활동 H의 가장 빠른 완료시간은 활동 H의 가장 빠른 시작시간 42시간에 활동 H의 소요시간 3시간을 더하면 45시간이 된다. 따라서 전체 프로젝트를 가장 빨리 끝낼 수 있는 시간은 45시간이다.

프로젝트를 구성하는 모든 활동들의 가장 빠른 시작시간과 가장 빠른 완료시간을 구했다면 이제 각 활동들의 가장 빠른 시작시간과 가장 빠른 완료시간을 프로젝트 네트워크에 다음과 같이 표시하여 한눈에 쉽게 알아볼 수 있도록 하였다.

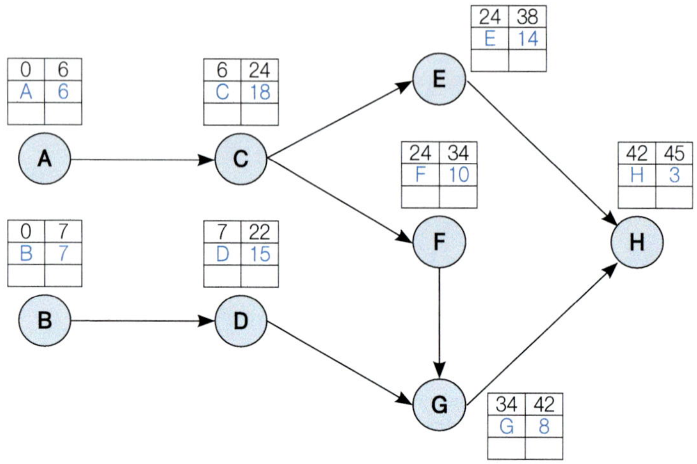

활동을 나타내는 노드 위에 6개의 셀로 구성된 표를 각각 추가하였다. 이 표에서 둘째 행의 왼편은 활동 이름을 나타내고 오른쪽 숫자는 그 활동의 소요시간을 나타낸다. 첫째 행의 왼편은 그 활동의 가장 빠른 시작시간, 오른편은 그 활동의 가장 빠른 완료시간을 나타낸다. 마지막 활동 H의 가장 빠른 완료시간인 45시간이 바로 전체 프로젝트의 가장 빠른 완료시간이 된다.

2) 각 활동의 가장 늦은 완료시간 구하기

앞에서 각 활동들의 가장 빠른 시작시간과 완료시간을 구해 보았고, 마지막 활동의 가장 빠른 완료시간이 바로 전체 프로젝트의 가장 빠른 완료시간이 됨을 알 수 있었다. 자, 이제는 전체 프로젝트 완료시간을 지연시키지 않는 범위 내에서 각 활동을 가장 늦게 완료할 수 있는 시간을 구해 보도록 하자.

마지막 활동인 H부터 시작하여 왼쪽으로 이동하면서 차례로 각 활동들의 가장 늦은 완료시간을 각각 구해 보기로 한다. 먼저 마지막 활동인 H에 대해 전체 프로젝트 완료시간 45시간을 지연시키지 않는 범위 내에서 가장 늦게 완료할 수 있는 시간은 당연히 45이다. 그러면 활동 H의 가장 늦은 시작시간은 얼마인가? 가장 늦은 완료시간 45에서 소요시간 3을 빼면 된다. 활동 H의 가장 늦은 시작시간은 42이다. 즉, 활동 H는 늦어도 42시간 이후 바로 시작되어야 전체 프로젝트가 지체 없이 45시간 만에 완료된다는 의미이다.

이제 활동 G의 가장 늦은 완료시간은 얼마인지 알아보자. 활동 G의 후속활동이 H이고 활동 H는 늦어도 42시간 후에는 시작되어야 하므로 활동 G는 늦어도 42시간 만에 완료되어야 한다. 따라서 활동 G의 가장 늦은 완료시간은 42이다. 마찬가지로 활동 E의 가장 늦은 완료시간 역시 42이다. 한편 활동 G의 가장 늦은 시작시간은 42−8=34이고, 활동 E의 가장 늦은 시작시간은 42−14=28이다.

활동 F의 경우 후속활동 G가 늦어도 34시간 후에는 시작되어야 하므로 활동 F는 늦어도 34시간 만에 완료되어야 한다. 따라서 활동 F의 가장 늦은 완료시간은 34이다. 활동 F의 가장 늦은 시작시간은 34

−10=24이다.

이제 활동 C의 가장 늦은 완료시간은 얼마인지 알아보자. 활동 C의 후속활동은 E와 F 두 개다. 활동 E의 가장 늦은 시작시간은 28이고, 활동 F의 가장 늦은 시작시간은 24이다. 그러면 활동 C의 가장 늦은 완료시간은 24인가, 28인가? 답은 24이다. 후속활동의 가장 늦은 시작시간들 중 작은 값이다. 24, 28 중 작은 값인 24가 활동 C의 가장 늦은 완료시간이 된다. 만일 활동 C가 28시간 만에 마친다고 하자. 그러면 후속활동 F가 늦어도 24시간 후에 시작되어야 하므로 4시간의 지연이 일어나게 된다.

이런 과정을 통해 나머지 모든 활동들의 가장 늦은 완료시간과 시작시간을 차례로 구해 다음 그림과 비교해 보자. 그림에서 나타난 표의 셋째 행 오른편은 그 활동의 가장 늦은 완료시간을, 왼편은 가장 늦은 시작시간을 나타낸다.

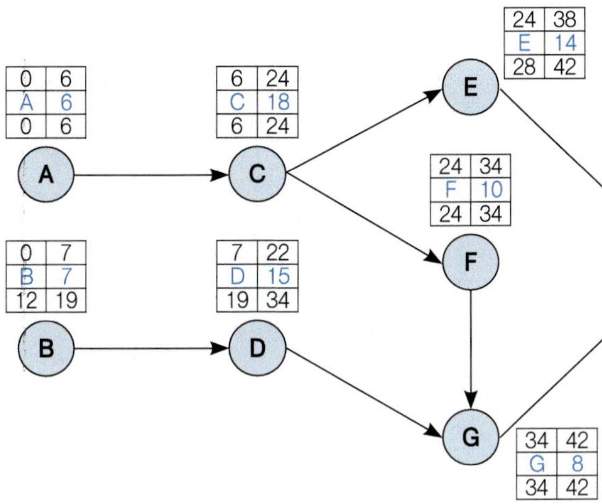

3) 활동 여유시간과 주공정활동

지금까지 프로젝트를 구성하는 모든 활동들에 대해 가장 빠른 시작시간과 완료시간, 가장 늦은 시작시간과 완료시간을 구해 보았다. 가장 빠른 시작시간과 완료시간은 프로젝트 네트워크의 왼쪽에서 오른쪽으로, 가장 늦은 시작시간과 완료시간은 오른쪽에서 왼쪽으로 차례로 구해 나가면 된다. 가장 빠른 시간을 구할 때는 시작시간을 먼저 구한 뒤, 시작시간에 활동 소요시간을 더해서 완료시간을 구하게 된다. 반면에 가장 늦은 시간을 구할 때는 완료시간을 먼저 구한 뒤, 완료시간에 활동 소요시간을 빼서 시작시간을 구하게 된다.

다음 표는 각 활동의 가장 빠른 시작시간과 완료시간, 가장 늦은 시작시간과 완료시간을 구해 정리해 놓은 것이다.

활동	가장 빠른 시간		가장 늦은 시간		여유시간
	시작시간	완료시간	시작시간	완료시간	
A	0	6	0	6	0
B	0	7	12	19	12
C	6	24	6	24	0
D	7	22	19	34	12
E	24	38	28	42	4
F	24	34	24	34	0
G	34	42	34	42	0
H	42	45	42	45	0

마지막 열에 있는 여유시간은 가장 늦은 시작시간에서 가장 빠른 시작시간을 뺀 값이다. 물론 가장 늦은 완료시간에서 가장 빠른 완료시간을 빼도 같은 값이 계산된다. 여유시간이 0인 활동도 있고 그렇지 않은 활동도 있다. 여유시간이 0인 활동들을 주공정활동이라 한다. 주공정활동들은 여유시간이 0이라 조금의 여유도 없다. 즉, 예정된 활동 소요시간을 조금이라도 초과하면 전체 프로젝트 완료시간을 지연시키는 결과를 가져오게 된다. 반면에 주공정활동에 속하지 않는 활동 B, D, E는 여유시간만큼 지체를 해도 전체 프로젝트 완료시간에 지연을 초래하지 않는다. 예를 들어 활동 B는 여유시간이 12시간이기 때문에 예정된 활동 소요시간보다 12시간을 더 지체해도 전체 프로젝

트 완료시간의 지연을 초래하지 않는다는 것이다.

여유시간에 대한 정보는 실무에서 아주 중요하게 활용될 수 있다. 전체 프로젝트를 지체 없이 완료하기 위해 각 활동들을 관리, 감독해야 하는데, 특히 주공정활동들에 대해서는 예정된 활동 소요시간 안에 반드시 마치도록 관리감독을 철저히 하고, 나머지 활동들에 대해서는 좀 느슨하게 관리해도 된다는 의미이다.

16. 제로섬 사회

제로섬(Zero Sum)이라는 용어를 예전에 많이 들었다. 자원은 한정되어 있고 누군가 많이 가지게 되면 누군가는 그만큼 적게 가지게 되어 전체 합이 제로가 된다는 뜻이다. 그런데 현실적으로는 마이너스섬(Minus Sum)인 경우가 많다. 화폐가치가 아닌 효용가치의 측면에서 생각해 보면 그렇다. 소득의 양극화가 심한 사회에서 부자가 더 가지려고 애쓸수록 가난한 사람에게 돌아갈 몫은 그만큼 더 적어진다. 이때 화폐가치 측면에서 사회 전체적으로 보면 분명히 제로섬 사회이지만, 효용가치 측면에서 생각해 보면 마이너스섬 사회가 된다. 돈 많은 부자가 재물을 추가로 더 가지게 되고 이로 인해 가난한 사람에게 돌아갈 동일한 양의 재물이 돌아가지 못한다고 가정할 때, 이때 부자가 느끼는 효용이 1% 정도 증가했다면 가난한 사람이 느끼는 효용의 감소는 10% 이상이 될 수 있다는 것이다.

이를 반대로 생각하면 우리 사회를 플러스섬 사회로 만들 수 있다.

바로 부자들의 나눔과 자선을 통해서 가능해진다. 예를 들어 100억 원의 재산을 가진 부자가 연말에 가난한 사람을 위해 10만 원을 기부했다고 하자. 이때 부자가 느끼는 효용의 감소는 극히 미미하나, 하루하루 끼니를 걱정하던 사람이 10만 원을 후원받았을 때 느끼는 효용의 증가는 엄청나다. 부자가 가난한 사람에게 10만 원을 기부했을 때 두 사람이 각각 느끼는 효용 감소와 증가를 합하면 분명히 플러스가 된다. 물론 화폐가치로 따져본다면 부자는 10만 원 마이너스이고 가난한 사람은 10만 원 플러스로 이 둘을 합하면 제로섬이긴 하지만 말이다.

17. 부분최적화와 전체최적화

부분최적화는 시스템 전체를 고려하지 않고 특정 부분에 대해서 최적화하는 방법이고, 전체최적화는 시스템 전체를 고려하여 최적의 성과를 달성하려고 접근하는 방법이다. 전체를 생각하지 않고 각자 부분적 이익을 극대화하려고 노력할 때 시스템 전체 입장에서는 오히려 최선이 되지 못한 결과가 나타날 수 있다. 개인들이 각자 자신의 이익을 극대화하고자 한 행위가 결과적으로 사회 전체적으로 손해를 가져올 수 있다는 것이다.

예를 들어보자. 다음 왼쪽 그림과 같이 좁은 골목길 사거리에서 차들이 서로 먼저 가려고 교차로에 진입하게 되면 차들이 엉키게 되고 결과적으로 모든 방향의 차들이 오도 가도 못하는 상황들을 자주 경험하게 된다. 이 경우 각 차량이 부분최적화를 추구하고자 먼저 통과하려고 하기 때문에 결과적으로 서로 뒤엉켜 전체적인 관점에서 모든 차량이 통과하지 못하고 시간을 낭비하는 결과를 초래하게 되는 것이다.

서로 경쟁하는 이해관계자들이 각자 자신만의 이익 극대화를 추구하게 되면 전체 이익의 극대화는 요원해진다. 각자 부분최적화를 추구할 때 자연스럽게 전체최적화가 달성될 수 있다면 더할 나위 없이 좋겠지만 그런 일은 절대 발생하지 않는다. 물론 서로 상충되는 이해관계를 가진 부분들이 각자 부분최적화를 추구한다 하더라도 각 부분들이 모두 최적의 성과를 달성하지는 못한다. 왜냐하면 각 부분들이 추구하는 목표들이 서로 상충되기 때문에 각 부분의 목표들이 모두 최적화를 이루는 것은 불가능하기 때문이다. 따라서 서로 이해관계가 엇갈리고, 추구하는 목표들이 상충되는 각 부분들이 모여 전체를 구성하는 경우에는 반드시 전체최적화를 추구하는 것이 중요하다. 이 경우 부분적으로는 최적의 결과를 달성하지 못할 수도 있지만 시스템 전체의 관점에서 최선의 결과를 얻게 된다.

18. 죄수의 딜레마: 혐의를 자백할까 부인할까?

우리가 알고 있는 수많은 경제이론 중에서 게임이론(Game Theory)이 있다. 게임이론이 무엇인지 '죄수의 딜레마'라고 하는 유명한 이야기를 들어 설명해 보자.

동일한 범죄행위에 가담한 두 명의 용의자 A와 B를 경찰이 붙잡았다. 경찰은 명백하게 이 두 사람이 공동으로 범죄를 저질렀다고 확신하나, 입증할 수 있는 물증이 없어 오로지 이 둘의 자백에 의존해야 하는 상황에 빠졌다. 그래서 경찰은 이 두 사람을 서로 다른 방에서 개별적으로 심문하면서 각자에게 다음과 같은 제안을 하였다.

1. 한 사람이 혐의를 자백하고, 다른 사람이 혐의를 부인하면, 자백한 사람은 불기소 처분하여 즉각 석방한다. 그러나 혐의를 부인한 사람은 징역 8년형의 선고를 받는다.
2. 만일 두 사람 모두 혐의를 자백하면 두 사람은 각각 5년 형을 선고받는다.
3. 두 사람 모두 혐의를 부인하면, 각각 1년 형을 선고받는다.

경찰의 제안을 받은 두 사람은 각각의 방에서 어떤 선택을 할지 고민하게 된다. 만일 여러분이 이러한 상황에 놓이게 된다면 어떤 결정을 내릴 것인가? 이것이 바로 게임 상황으로서, 이 두 사람은 각자 최선의 선택을 하기 위해 고심을 하게 된다.

(A의 선택)

상대방인 B가 어떤 선택을 하느냐에 따라 A는 어떤 선택이 유리한지 판단할 수 있다. 만일 B가 자백할 것으로 생각되면 A도 똑같이 자백하는 것이 유리하다. 한편 B가 부인할 것으로 생각되면 A도 부인을 하는 것이 좋은데, 혹시 B가 자백을 하게 된다면 A의 입장에서는 최악의 상황에 빠지게 되므로 결국 A는 자백을 택하는 것이 유리하다. 따라서 A는 B가 어떤 선택을 하든지 자백을 선택한다.

(B의 선택)

A와 동일한 상황이므로, 마찬가지로 A가 어떤 선택을 하든지 자백이 유리하다. 따라서 A, B는 모두 자백을 선택하고 각각 5년씩 복역한다.

이때 두 사람은 상대방의 결과는 고려하지 않고 자신의 이익만을 최대화한다는 가정하에 움직이게 된다. 이때 언제나 혐의를 부인하기보다는 자백을 통해 더 많은 이익을 얻으므로 두 사람 모두 자백을 택하게 된다. 각자의 입장에서는 상대방의 선택에 상관없이 자백을 하는 것이 언제나 이익이므로, 합리적인 사람이라면 자백을 택한다. 그렇게 함으로써 결국 두 사람 모두 5년씩 복역하는 것이고, 이는 두 사람 모두가 자백하지 않고 부인하면 1년만 복역하는 것보다 나쁜 결과가 된다.

B의 선택 / A의 선택	자백	부인
자백	5	0
부인	8	1

즉, 두 사람은 이 게임 안에서 상대방이 선택할 전략을 예측할 수 있기 때문에 자신에게 유리한 선택을 하게 될 것이므로 A, B 각자에게 가장 유리한 5년 형(모두 자백)을 선택할 것이라고 말한다. 그러나 이때 생겨나는 딜레마란 각자의 선택에서의 딜레마가 아니라 최선 또는 균형에 대한 딜레마이다. 즉, 둘은 모두 자백함으로써 선고받은 형의 총합은 10년이 되었다. 그러나 한쪽이 자백하고 한쪽이 혐의를 부인하면 총 8년이고, 두 사람 모두 혐의를 부인하면 총합 2년이다. 각자 입장에서는 최선의 선택을 한다고 했지만, 결과적으로는 최악의 결과가 나타난 것이다. 이것을 죄수의 딜레마라고 한다. 결국 각자에게는 최선의 선택이었으나, 결과적으로는 최악의 상황이 도출된다는 것이다.

다시 말해 각자의 이익만을 추구하는 행동을 했기 때문에 전체적인 이익에서는 손해를 보게 된 것이다. 따라서 국가가 사회 전체적인 차원에서 경제를 규제하지 않고 개인이 각자 자신의 이익만을 추구하도록 내버려둔다면, 개인 차원에서는 이익이 될 수 있으나 사회 전체적인 차원에서는 손해를 끼칠 수도 있게 된다.

19. 주문생산과 재고생산

제조 기업에서 제품을 생산할 때 생산 시기에 따라 크게 두 가지 방식으로 구분한다. 주문생산방식과 재고생산방식이 그것이다. 주문생산은 고객들의 주문을 받아 생산하는 방식으로, 영어로 'Make to Order' 또는 간단하게 줄여서 MTO라고 한다. 주문생산은 말 그대로 고객들의 주문이 먼저 발생하고 그 뒤에 생산이 이루어진다. 반면에 재고생산방식은 수요 발생 이전에 미리 제품을 생산해서 재고로 쌓아 두었다가 고객들의 수요가 발생하면 그때마다 판매가 된다. 재고생산방식은 영어로 'Make to Stock' 또는 간단하게 줄여서 MTS라고 한다.

이 두 가지 방식은 어떤 차이가 있을까? 가장 큰 차이는 '수요 발생 전에 제품을 생산하느냐, 아니면 수요 발생 후에 제품을 생산하느냐' 이다. 자, 그러면 제조 기업 입장에서 이 두 가지 방식 중 어느 것을 택해야 할까? 수요 예측이 쉽고 과거에도 많이 팔려 왔던 전통적인 제품들의 경우 대부분 재고생산방식을 통해 미리 생산하여 재고로 쌓아 두었다가 수요가 발생하면 판매하는 것이 낫다. 반면에 유행에 민감한 제품이나 첨단제품과 같이 수요 예측이 어려운 제품, 그리고 제품수명주기가 극히 짧은 제품들의 경우 주문생산방식을 택하는 게 좋다. 만일 제품을 미리 생산해 두었다가 나중에 수요가 생산량에 못 미치게 되면, 재고 과잉으로 큰 손실이 발생하기 때문이다.

두 가지 방식의 장단점을 간단히 살펴보자. 우선 재고생산방식은 미리 생산을 하여 재고로 쌓아 둠으로써, 수요 발생 즉시 제품이 고객에게 인도될 수 있어 리드타임이 짧다. 그리고 한꺼번에 대량으로 생산하기 때문에 생산에 따른 규모의 경제 이점을 살릴 수 있다는 장점이 있다. 단점으로는 미리 생산하여 재고로 쌓아 두기 때문에 재고비용이 과다하게 발생하게 된다. 제품 특성상 생산에 시간이 오래 걸리는 제품들은 주문생산방식이 적합하지 않다. 따라서 생산소요시간이 긴 제품들은 미리 생산하여 수요에 대비하는 것이 좋을 것이다.

반면, 주문생산방식은 수요가 발생한 뒤 생산이 이루어지기 때문에 불필요한 재고비용이 발생하지 않는다. 반면에 고객의 수요 발생 시점부터 고객에게 제품이 인도되기까지의 시간 간격인 리드타임은 길어진다.

세계적인 스페인 의류 제조 기업인 자라(ZARA)의 예를 들어보자.

전통적으로 매년 꾸준히 팔리는 스웨터 의류는 수요불확실성이 낮아 수요 예측이 쉽다. 이런 제품은 판매 시즌 수개월 전에 동남아시아 국가 공장에서 미리 대량 생산하여 선박을 이용하여 수송되어 창고에 보관해 두었다가 판매시즌 시작과 함께 시장에 출시된다. 반면에 유행에 민감하고 고가인 의류 제품들은 수요불확실성이 높고 향후 발생할 수요에 대한 예측이 어려워 판매시즌 전에는 아주 소량의 기본 수량만의 제품을 생산하여 시장에 내놓은 뒤 판매 추이를 보고 수요에 맞춰 추가 생산하는 방식을 택한다. 따라서 수요불확실성이 낮아 수요 예측이 쉬운 제품은 수요 발생 전에 미리 생산하는 재고생산방식을, 수요불확실성이 높고 수요 예측이 어려운 제품은 수요 발생 이후에 생산하는 주문생산방식을 택하는 것이 좋다.

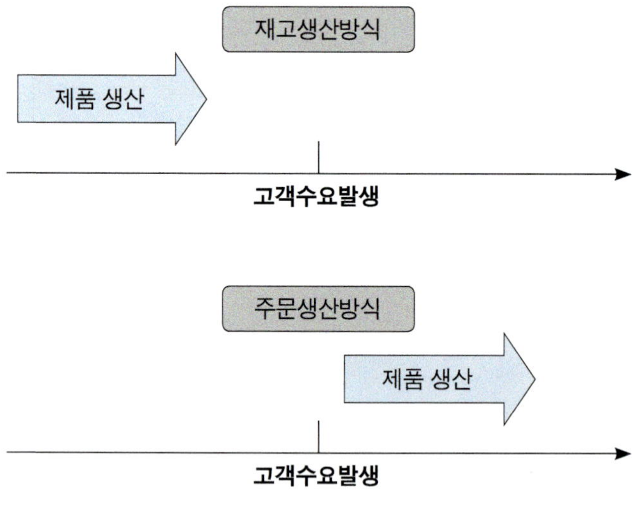

20. 제품 생산을 최대한 늦춰라

제조 기업에서 제품을 생산하는 데에는 얼마간의 시간이 소요된다. 짧게는 몇 시간에서 길게는 몇 개월이 걸리기도 한다. 그래서 대부분 기업들은 수요가 발생하기 전에 제품을 미리 만들어 두었다가 고객들의 수요가 발생할 때 팔게 된다. 앞에서 언급한 바와 같이 이를 재고생산이라 부른다. 우리가 알고 있는 대부분의 제품들은 이러한 방식으로 고객들에게 팔려나갔다.

그런데 시대가 바뀜에 따라 오늘날 제품들은 과거와 달리 두 가지 주요 특성을 보이고 있다. 첫째는 제품수명주기 짧아졌다는 점이고, 둘째는 미래수요의 불확실성이 증대되었다는 점이다. 따라서 이러한 특성들로 인해 오늘날 제조 기업들은 공급을 수요에 맞추기 어려운 상황에 직면하고 있다.

의류 제품의 경우를 예로 들어보자. 의류 제품은 타 제품에 비해 특히 이러한 특성들이 뚜렷하게 나타난다. 의류 제품은 보통 제품수명주기가 길어야 2~3개월에 불과하다. 예를 들어 봄 신상품은 2월 말~3월 초에 시장에 나오게 되는데, 5월 초쯤이면 의류 매장에서는 여름 신상품들로 교체한다. 그런데 이러한 봄 제품을 기획하고 디자인하는 시기는 대략 제품 출시 6개월 전이다. 다시 말하면 의류 매장에서 봄 신상품이 전시, 판매되는 3월에 의류업체 상품기획실에서는 가을 내지는 겨울 의류 제품 개발에 들어간다. 그런데 문제는 6개월 후 출시될 제품에 대한 기획 단계에서 미래의 유행을 감안하여 원단 재질, 색상, 스타일 등을 미리 고려해서 생산에 착수해야 한다는 점이다.

생산과 실제 수요 발생 사이의 6개월 시차가 바로 공급을 수요에 맞추기 힘들게 하는 요인이다. 공급과 수요의 불일치는 기업에 막대한 손실을 가져온다. 공급이 수요를 초과하면 불필요한 재고과잉에 따른 손실이, 반대로 공급이 수요에 못 미치면 재고부족에 의한 미판매손실을 입게 된다. 재고과잉과 재고부족에 따른 기업 손실을 최소화하기 위해 기업 입장에서는 수요에 공급을 최대한 일치시키는 것이 매우 중요하다. 그런데 생산은 미리 이루어지고 수요는 그 이후에 발생하기 때문에 공급을 수요에 일치시키기가 쉽지 않다는 점이 문제다.

수요에 공급을 최대한 일치시키기 위한 방법 중 하나가 최종 제품의 완성 시기를 수요 발생 시점까지 최대한 늦추는 것이다. 고객들의 수요가 어느 정도 가시화될 때 생산하게 되면 공급을 수요에 비슷하게 맞출 수 있어 재고과잉이나 재고부족으로 인한 기업의 피해를 줄일 수 있다. 그런데 여기에는 해결해야 할 한 가지 고민이 있다. 판매시점에 임박해서 고객들의 수요가 어느 정도 파악이 되었다 하더라도 기업에서 수요량에 맞춰 제품을 즉시 생산해 낼 수 없다는 점이다. 제품을 생산하려면 부품을 확보해야 하고 또 공장에서 제품을 생산하여 시장에 내놓기까지 시간이 걸리기 때문이다.

이를 해결하기 위한 방법이 바로 제품차별화지연이다. 이것은 최종 제품이 완성되기 직전까지 제품을 거의 만들어 둔 상태에서 수요가 발생하는 즉시 한두 가지 공정을 거쳐 신속하게 최종 제품을 완성하여 공급하는 방식이다. 대표적인 기업 사례가 베네통의 후염색기법과 PC 제조 기업들의 부품모듈화이다. 베네통은 동일한 디자인의 티셔츠에 서로 다른 색상을 입혀 다양한 제품들을 판매하는 기업으로 유명하다. 각 색상별로 고객들의 수요에 차이가 나고 이를 판매시즌 이전에 미리 알기는 어렵다. 그래서 베네통은 판매시즌 시작과 함께 색상별로 기본 수량만 매장에 출시한 뒤, 판매시즌 초반의 색상별 수요 추이가 확인되면 잘 팔리는 색상 제품을 추가로 매장에 공급한다. 이때 추가로 공급하는 색상의 티셔츠 생산에 시간이 많이 소요되기 때문에, 판매시즌 전에 흰색의 티셔츠를 대량으로 생산하여 재고로 가지고 있다가 잘 팔리는 색상으로 즉시 염색하여 신속하게 매장으로 보내는 것이다.

제품차별화지연의 또 다른 예가 PC 제조 기업들의 부품모듈화이다. 우리가 잘 알다시피 PC는 몇 가지 부품들로 이루어져 있다. PC를 구성하는 부품은 CPU, RAM, 그래픽카드, 메인보드, 저장장치(HDD, SSD), 전원공급장치이다. 부품모듈화는 기능 수행을 위한 부품을 일정 단위별로 묶음화시키는 작업을 말한다. PC를 구성하는 부품을 모듈화하면 PC 제조 기업 입장에서는 조립공정이 간소화된다. 따라서 완제품 생산에 소요되는 시간이 짧아지고 서로 다른 모델의 PC 제품들에 공동으로 사용할 수 있다는 장점이 있다. 따라서 PC 제조 기업에서는 굳이 완성품 PC를 재고로 보유하지 않고 모듈화된 부품만을 재고로 보유하고 있다가 특정 모델의 PC 수요가 발생하면 즉시 조립하여 공급하게 되는 것이다.

따라서 기업들이 제품차별화지연을 활용하면 고객 수요에 공급을 비슷하게 맞출 수가 있고 재고과잉이나 재고부족에 따른 손실을 최소화할 수 있다.

21. 일에도 순서가 있다

일의 순서를 어떻게 하느냐에 따라 일의 효과나 결과가 엄청나게 차이가 날 수 있다. '하루 세 번 이 닦기'하는 예를 한번 들어보자.

국내 굴지의 대기업에 다니는 5년 차 직장인 김청결 씨는 키가 크고 외모도 준수하여 주변 여성들로부터 인기가 많다. 하루에 수도 없이 손을 씻을 정도로 위생에 철저하다. 그런 그에게 한 가지 단점이 있다면 게으르다는 것이다. 고된 대기업 업무를 마치고 직장 선후배 동료들과 회식 자리에 참석하고 집에 오면 으레 자정이 다 되어서 그만 녹초가 된다. 평소 그의 위생 관념에 비추어보면 잠자리에 들기 전에 세수하고 이도 닦을 것 같은데 피곤하고 귀찮은 성격 탓에 그냥 자는 경우가 대부분이다. 다음 날 아침에 일어나면 입 안이 컬컬해서 반드시 양치질을 하고 아침식사를 한다. 물론 아침에는 쫓기듯이 바쁘기도 하고 또 간단히 빵 한 조각과 우유로 아침식사를 하는 탓에 식사 후 양치질은 생략하고 허겁지겁 아파트 현관문을 나선다. 회사에 출근해서 정신없이 오전 업무를 끝내고 점심시간이 다가오면 급히 화장실에 가서 양치질을 하고 동료들과 밖에 나가 즐겁게 점심식사를 한다. 식사 후에 사무실로 들어와서 오후 일과가 시작되기 전 의자에 앉아 잠시 낮잠을 잔 뒤 오후 업무를 시작한다. 하루 업무를 마치고 퇴근해서 집에 오면 저녁식사 전 양치질을 한다. 식사 후 양치질을 하는 일반 사람들과 마찬가지로 김청결 씨는 하루 세 번 양치질을 한다. 양치질을 하는 횟수는 하루 세 번으로 동일하나, 김청결 씨의 구강 위생 상태는 일반 사람들과 비교할 때 많이 불량하다. 즉, 양치질을 식사 전에 하느냐 식사 후에 하느냐에 따라 청결 효과는 엄청나게 차이가 난다는 것이다.

개인이든 조직이든 다수의 작업을 수행해야 하는 경우, 어떤 순서로 작업들을 수행하느냐에 따라 결과는 많이 달라질 수 있다. 특히 기업과 같은 조직에서는 작업의 순서를 어떻게 하느냐에 따라 전체 작업을 수행하는 데 투입되는 시간은 동일하나, 수행 결과 얻게 되는 성과에서는 많은 차이가 발생할 수 있다. 다음 장에서 구체적 예를 통해 어떤 순서와 방법으로 작업들을 수행하느냐에 따라 결과가 많이 달라짐을 살펴보기로 한다.

22. 작업 우선순위 결정

처리해야 할 다수의 작업들이 있는데 이때 작업들은 동시에 진행될 수 없고 순차적으로 처리되어야 한다면, 어떤 순서에 따라 작업을 처리해야 하는지가 기업 입장에서는 중요한 이슈가 된다. 즉, 작업 우선순위를 결정하는 것이 대단히 중요하다. 다음과 같은 예를 통해 설명해 보자.

현재 우리 회사에 고객 기업들로부터 주문받은 5개의 작업이 밀려 있다. 오늘 날짜를 기준으로 각 작업의 도착 시기와 처리하는 데 소요되는 기간, 그리고 납기일에 관한 정보는 다음 표와 같다. 이때 작업들은 동시에 진행될 수 없고 한 작업이 종료되어야 다음 작업이 시작될 수 있다.

작업	도착 시기	처리 시간 (일)	납기 (남은 날짜)
A	15일 전	25	29
B	12일 전	16	27
C	5일 전	14	68
D	10일 전	10	48
E	0일 전	12	80

5개의 작업들 가운데 어떤 작업을 먼저 처리해야 하는지 작업 우선 순위를 결정하기 위한 방법으로 다음과 같은 세 가지 규칙이 있다.

- 선입선출법(FCFS: First-Come, First-Served)
- 최단납기일(EDD: Earliest Due Date)
- 최단처리시간(Shortest Processing Time)

1) 선입선출법

먼저 선입선출법으로 구해 보기로 하자. 선입선출법에 의해 가장 먼저 도착한 주문부터 처리하고자 한다면 A, B, D, C, E 순으로 처리하면 된다. 결과는 다음 표에 정리되어 있다.

작업 순서	시작시점 (일)	처리기간 (일)	종료시점 (일)	납기 (남은 날짜)	납기지연 (일)	도착 후 경과 (일)	흐름시간 (일)
A	0	25	25	29	0	15	40
B	25	16	41	27	14	12	53
D	41	10	51	48	3	10	61
C	51	14	65	68	0	5	70
E	65	12	77	80	0	0	77

여기서 흐름시간(Flow Time)이란 작업이 우리 회사에 도착한 이후 작업이 종료되는 시점까지 우리 회사에 체류한 시간을 뜻한다. 그리고 납기지연은 작업이 납기일을 초과한 날수를 뜻한다. 평균납기지연과 평균흐름시간을 계산하면 다음과 같다.

- 평균납기지연 $= \frac{0 + 14 + 3 + 0 + 0}{5} = 3.4$일
- 평균흐름시간 $= \frac{40 + 53 + 61 + 70 + 77}{5} = 60.2$일

2) 최단납기일

두 번째 방법인 최단납기일 기준에 따라 구해 보면 다음과 같다. 오늘 날짜를 기준으로 납기일까지 남아 있는 날이 가장 짧은 작업부터 나열해 보면 B A, D, C, E 순서이다.

작업 순서	시작시점 (일)	처리기간 (일)	종료시점 (일)	납기 (남은 날짜)	납기지연 (일)	도착 후 경과 (일)	흐름시간 (일)
B	0	16	16	27	0	12	28
A	16	25	41	29	12	15	56
D	41	10	51	48	3	10	61
C	51	14	65	68	0	5	70
E	65	12	77	80	0	0	77

• 평균납기지연 $= \frac{0+12+3+0+0}{5} = 3$일

• 평균흐름시간 $= \frac{28+56+61+70+77}{5} = 58.4$일

3) 최단처리시간

마지막으로 최단처리시간을 기준으로 계산해 보기로 하자.

작업 순서	시작시점 (일)	처리기간 (일)	종료시점 (일)	납기 (남은 날짜)	납기지연 (일)	도착 후 경과 (일)	흐름시간 (일)
D	0	10	10	48	0	10	20
E	10	12	22	80	0	0	22
C	22	14	36	68	0	5	41
B	36	16	52	27	25	12	64
A	52	25	77	29	8	15	92

• $\text{평균납기지연} = \frac{0 + 0 + 0 + 25 + 48}{5} = 14.6\text{일}$

• $\text{평균흐름시간} = \frac{20 + 22 + 41 + 64 + 92}{5} = 47.8\text{일}$

이 세 가지 방법에 대한 결과를 표로 나타내 보면 다음과 같다. 이 중 가장 나은 방법은 무엇인가?

구분	선입선출법	최단납기일	최단처리시간
평균납기지연	3.4	3	14.6
평균흐름시간	60.2	58.4	47.8

두 가지 성과지표 가운데 평균납기지연을 기준으로 보면 최단납기일 방법이 가장 좋고, 평균흐름시간을 기준으로 보면 최단처리시간 방법이 가장 좋다. 선입선출법은 두 가지 성과지표 가운데 어느 기준을 적용하더라도 최선의 방법이 아님을 알 수 있다. 일반적으로 고객들의 주문에 대한 납기지연을 더 중요한 기준으로 본다면, 이 예제 문제에 대해 작업 우선순위를 결정할 때 최단납기일 방법이 최선의 방법이라고 할 수 있다.

23. 과거로부터 미래를 예측하다: 이동평균법

기업의 모든 활동은 그 기업이 고객에게 제공하는 재화 및 서비스에 대한 수요예측을 바탕으로 이루어진다. 일단 고객수요에 대한 예측이 이루어져야만 이에 근거하여 자원 조달, 생산, 마케팅 활동 등이 뒤따라 이루어지기 때문이다. 만일 수요가 정확하게 예측되지 않으면 정확하지 않은 정보를 근거로 기업활동이 이루어지고 결과적으로 기업의 수익성을 악화시키게 된다. 예측 활동은 기업활동뿐만 아니라 개인의 일상생활에도 큰 영향을 미친다. 예를 들어, 주식투자를 하는 어떤 사람이 내일 주식의 등락 여부를 정확히 알 수 있다면 그는 억만장자가 될 수 있을 것이다. 그러나 실제로는 미래에 대한 정확한 예측이 거의 불가능하기 때문에 그러한 일은 발생하지 않는다. 그럼에도 불구하고 주식투자자들은 대부분 자기가 관심을 갖고 있는 종목에 대해 나름대로 예측을 하고 이를 바탕으로 투자의사결정을 내린다.

예측 방법은 정량적(Quantitative) 방법과 정성적(Qualitative) 방법

등 크게 두 가지로 구분된다. 정량적 예측 방법은 예측 대상 변수에 대한 정량화된 과거 자료의 이용이 가능하고, 과거 자료에 내포된 변수의 변화 행태가 미래에도 지속될 것이라는 가정에 근거한다. 정량적 예측 방법은 시계열(Time Series) 분석 방법과 인과(Causal) 분석 방법으로 다시 구분된다. 시계열 분석 방법은 시간의 흐름에 따라 발생한 과거 자료들의 변화 행태를 분석하여 이를 미래 예측값에 반영시키는 방법이다. 여기서 시간의 흐름에 따라 발생한 과거 자료를 시계열 자료라 한다. 예를 들어, 주식시장에서 매일 주식시장이 마감된 후 종합주가지수를 관측하여 이를 일정기간 동안 수집한 자료는 시계열 자료가 된다. 일상적인 기업경영 활동에서 시계열 자료의 예를 많이 찾아볼 수 있는데, 제품 판매량이나 재고량, 그리고 매출액 등을 일별, 월별 또는 연도별로 기록하여 모아놓은 자료가 여기에 해당한다.

시계열 자료가 주어져 있을 때, 이를 이용하여 미래의 값을 예측하는 시계열 분석 방법으로는 이동평균법(Moving Average), 지수평활법(Exponential Smoothing), 추세반영법(Trend Projection) 등이 있다.

한편 인과 분석 방법은 예측 대상 변수가 하나 이상의 다른 변수들과 인과관계에 있다는 전제하에서 이루어진다. 예를 들어, 자동차 판매량은 휘발유값과 1인당 GNP에 의해 결정된다는 전제하에 미래 자동차 판매량을 휘발유값 및 1인당 GNP의 함수관계식을 통해 예측하는 것이 인과 분석에 의한 예측 방법이다. 단지 매월 또는 매년과 같이 주기별 자동차 판매량에 대한 과거 자료를 이용해 미래의 자동차 판매량을 예측하고자 한다면, 이는 시계열 예측 방법에 해당된다. 인과 분석에 의한 예측 방법으로 대표적인 것이 회귀분석(Regression)이다.

한편 과거 자료의 수집이 불가능하거나, 수집은 가능하나 막대한 비용이 소요되는 경우에는 시계열 분석이나 인과 분석과 같은 정량적 방법을 사용하지 못하기 때문에 정성적 예측 방법을 사용한다. 정성적 예측 방법은 특정 전문가 개인 또는 집단의 주관적 판단에 의해 예측이 이루어진다. 지금까지 소개한 다양한 예측 방법론을 알기 쉽게 구분하여 정리하면 다음 그림과 같다.

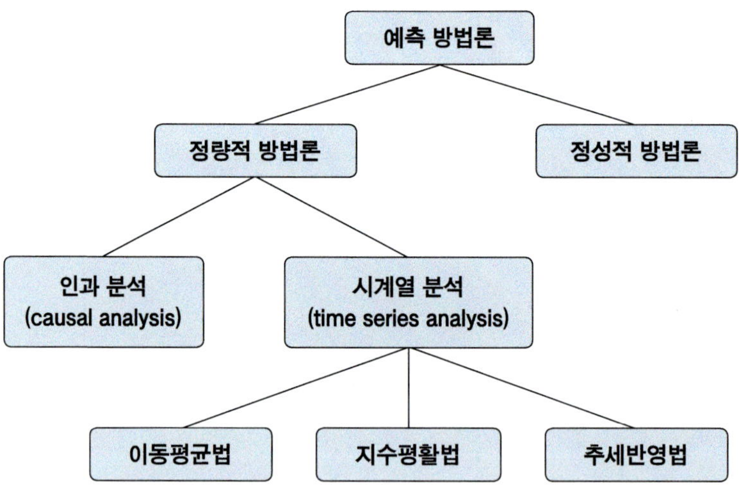

지금부터 시계열 분석 방법 중 비교적 간단한 방법인 이동평균법에 대해 소개하고자 한다. 다음과 같이 연도별 판매량에 대한 시계열 자료가 주어져 있다고 하자.

연도	2001	2002	2003	2004	2005	2006	2007	2008	2009	2010	2011	2012
판매량	48	50	49	53	55	56	60	61	59	60	64	65
연도	2013	2014	2015	2016	2017	2018	2019	2020	2021	2022	2023	2024
판매량	70	69	70	73	75	75	77	81	82	85	87	88

이 시계열 자료에 대해 가로축을 연도로, 세로축을 판매량으로 표시한 꺾은선 그래프를 그려 보면 다음과 같다.

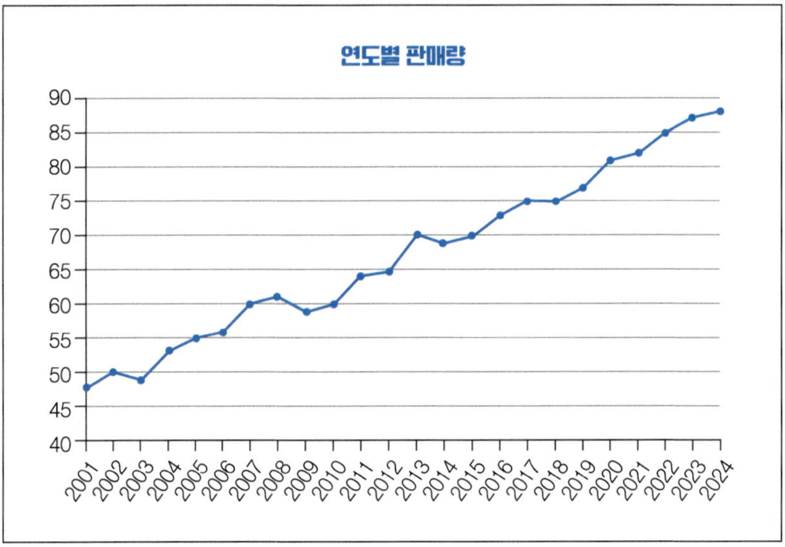

2001년부터 2024년까지 24개 연도의 연간판매량 자료가 주어져 있을 때, 5년 이동평균값을 연도별로 구해보기로 하자. 5년 이동평균값을 구하기 위해서는 최근 5년 동안의 자료가 있어야 한다. 따라서 2005년부터 이동평균값을 구할 수 있다. 2005년의 이동평균값은 다음과 같이 2001년부터 2005년까지 5개 연도의 연간판매량을 평균하여 구한다.

$$2005\text{년 이동평균값} = \frac{48 + 50 + 49 + 53 + 55}{5} = 51$$

2005년 이동평균값을 이용하여 2006년 수요량을 예측하는 게 이동평균법이다. 마찬가지 방법으로 2006년의 이동평균값은 2002년부터 2006년까지 5개 연도의 연간판매량을 평균하여 구한다.

$$2006\text{년 이동평균값} = \frac{50 + 49 + 53 + 55 + 56}{5} = 52.6$$

이런 방식으로 2024년까지 5년 이동평균값을 순차적으로 구할 수 있다. 2024년 이동평균값은 2020년부터 2024년까지 5개 연도의 연간판매량을 평균하여 구할 수 있다.

$$2024\text{년 이동평균값} = \frac{81 + 82 + 85 + 87 + 88}{5} = 84.6$$

2024년 이동평균값이 구해지면 2025년 판매량에 대한 예측값으로 사용할 수 있다.

각 연도별 이동평균값을 구하여 이를 선으로 연결한 것을 이동평균선이라 하는데, 이동평균선을 보면 연도별 판매량의 추세를 알 수 있게 된다. 다음 그림은 시계열 자료와 5년 이동평균선을 함께 나타낸 것이다. 이동평균선을 보면 연간판매량이 상승하는 추세에 있음을 알 수 있다.

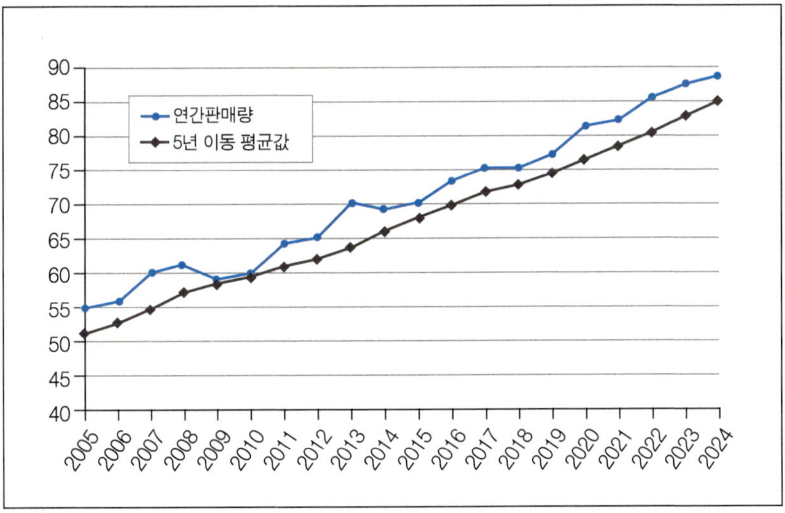

24. 골든크로스와 데드크로스

앞 장에서 설명한 이동평균법을 이용한 예측은 주식투자에서도 많이 활용된다. 주식투자에서는 5일 이동평균선, 20일 이동평균선, 60일 이동평균선, 100일 이동평균선 등의 용어를 사용한다. 5일 이동평균선이란 최근 5일 동안의 주가를 평균하여 연결한 선을 말하며, 20일, 60일, 100일 이동평균선은 각각 최근 20일, 60일, 100일 동안의 주가를 평균하여 연결한 선을 뜻한다. 어떤 주식 종목에 대한 이동평균선을 보면 이 종목의 주가가 전체적으로 상승하고 있는지 하강하고 있는지에 대한 추세를 한눈에 쉽게 알 수 있다.

주식투자에 있어서 주가 상승의 신호로 해석되는 골든크로스(Golden Cross)라는 용어가 있다. 주가의 단기 이동평균선이 중장기 이동평균선 아래에서 위로 뚫고 올라갈 때 골든크로스가 발생했다고 하고, 이때 이 주식의 주가가 상승국면에 들었다고 판단하게 된다. 골든크로스에는 단기, 중기, 장기 등 세 가지가 있다. 단기 골든크로스는

5일 이동평균선이 20일 이동평균선을 상향돌파하는 것이며, 중기 골든크로스는 20일 이동평균선이 60일 이동평균선을 상향돌파하는 것, 그리고 장기 골든크로스는 60일 이동평균선이 100일 이동평균선을 상향돌파하는 것을 말한다. 이와는 반대로 데드크로스(Dead Cross)는 주가의 단기 이동평균선이 중장기 이동평균선 위에서 아래로 뚫고 내려가는 현상을 말한다. 데드크로스가 발생하면 이 주식의 주가는 하락하는 국면에 접어들었다는 신호로 읽혀진다.

다음 그래프는 2025년 4월 9일부터 2025년 8월 1일까지 한국 거래소시장의 어떤 종목의 종가, 5일 이동평균선, 20일 이동평균선, 60일 이동평균선을 한꺼번에 나타낸 것이다.

그래프를 자세히 보면 7월 7일 데드크로스가 발생한 것을 알 수 있다. 7월 4일 금요일의 5일 이동평균값은 10,136이고, 20일 이동평균값은 10,085으로, 5일 이동평균값이 20일 이동평균값보다 약간 크다. 그런데 토요일, 일요일 쉬고 월요일인 7월 7일 주식시장 마감 후 계산한 5일 이동평균값과 20일 이동평균값은 각각 9,920, 10,152이었다. 즉, 5일 이동평균값이 20일 이동평균값보다 작아졌다. 7월 7일 그래프를 보면 5일 이동평균선이 20일 이동평균선을 위에서 아래로 뚫고 내려오는 것을 볼 수 있다. 이와 반대로 8월 1일에는 골든크로스가 발생한 것을 볼 수 있다. 7월 31일 5일 이동평균값과 20일 이동평균값은 각각 9,102, 9,302였는데, 8월 1일 5일 이동평균값(9,384)이 20일 이동평균값(9,360.5)보다 크게 된다. 그래프에서도 5일 이동평균선이 20일 이동평균선을 아래에서 위로 뚫고 올라가는 것을 확인할 수 있다.

25. 겨울에 에어컨을 할인판매하다

제품을 할인 판매하는 경우는 언제인가? 일반적으로는 판매 시즌 마감이 임박할 때까지도 제품들이 판매되지 못하고 남을 경우 정상가보다 할인해서 판매하게 된다. 왜냐하면, 고객에게 팔지 못한 제품을 창고에 재고로 쌓아두기보다는 싼값으로라도 판매하는 게 기업 입장에서는 이익이 되기 때문이다.

그런데 겨울철에 에어컨을 할인 판매하는 경우는 위에서 언급한 일반적인 할인 판매의 경우와는 다르다. 왜냐하면, 팔고 남은 에어컨을 겨울에 할인 판매하는 게 아니기 때문이다. 좀더 구체적으로 설명하기 위해 에어컨이라는 제품의 수요 특성에 대해 한번 생각해 보자.

에어컨은 계절별로 수요 편차가 아주 심한 제품이다. 여름철은 에어컨 제품의 판매 성수기로 수요가 엄청나게 많고, 반면에 겨울철은 비수기로 수요가 거의 없다. 이와 같은 제품을 계절적 수요 제품이라 한다. 선풍기, 아이스크림, 온풍기, 스키 장비 등이 대표적인 계절적 수요 제품이다. 선풍기, 아이스크림은 여름이 성수기이고 겨울이 비수기이다. 반면에 온풍기, 스키 장비는 겨울이 성수기이고 여름이 비수기이다. 계절적 수요 제품의 가장 큰 특징은 성수기와 비수기 간의 수요 편차가 아주 크다는 것이다. 계절별 수요 편차가 심하면 어떤 일이 생길까?

내년도 에어컨의 계절별 수요가 올해와 유사하게 다음과 같이 예측되었다고 가정하자.

계절	예측 수요
봄	40만
여름	100만
가을	30만
겨울	10만

계절별로 수요 편차가 아주 큰 경우, 에어컨 제조회사에서는 한 가지 고민이 생긴다. 제조공장의 규모를 어느 정도 크기로 해야 하는지에 대한 고민이다. 성수기인 여름 수요에 맞춰 한 계절에 100만 대를 생산할 수 있는 규모로 정한다고 가정하자. 그러면 여름철 수요에 대해서는 제품을 충분히 생산하여 공급할 수는 있지만, 나머지 봄, 가을,

겨울에는 수요가 적어 생산시설 상당 부분을 가동하지 못하고 놀리게 된다. 그래서 공장 규모를 대폭 줄여 한 계절에 50만 대 정도 생산하는 규모로 공장을 짓는다고 가정해 보자. 봄, 가을, 겨울에는 생산시설을 그다지 많이 놀리지 않아도 된다. 그러나 여름철 수요 100만 대를 공급할 수 없기 때문에 겨울과 봄에 미리 많이 생산해서 창고에 쌓아두었다가 여름철 생산량과 합쳐 100만 대를 공급할 수 있다. 만일 당신이 에어컨 제조회사의 사장이라면 공장의 규모를 어떻게 정하겠는가?

공장 규모를 한 계절에 100만 대를 생산하는 경우와 50만 대를 생산하는 경우 두 가지에 대해 비교해 보자. 먼저 100만 대 규모의 공장을 짓는다면 여름에는 많이 생산하고 봄, 가을, 겨울에는 적게 생산하여 계절별로 수요에 맞춰 생산하여 공급하면 된다. 이러한 방식을 수요추적전략(Chase Strategy)이라고 한다. 수요추적전략을 사용하기 위해 공장 규모를 크게 하면 공장설치비용이 많이 들고 봄, 가을, 겨울에는 생산시설의 가동 중단에 따른 손실도 발생한다. 반면 50만 대 규모의 공장을 짓는다면, 계절과 관계없이 거의 일정한 양의 에어컨을 생산하여 비수기에 팔고 남은 에어컨을 재고로 쌓아두고 성수기로 이월시켜 성수기 수요에 맞춰 공급하면 된다. 이러한 방식을 평준화전략(Level Strategy)이라고 한다. 공장 규모를 작게 하고 평준화전략을 사용할 경우, 공장설치비용은 많이 들지 않으나 성수기 수요에 대비하여 비수기에 미리 생산하여 재고로 쌓아두기 때문에 재고비용이 엄청나게 많이 발생한다. 따라서 공장설치비용과 재고비용을 비교하여 공장 규모를 결정할 수 있을 것이다. 수요추적전략과 평준화전략은 모두 계절별 수요에 공급을 맞추기 위해 생산용량관리나 재고관리를 활용하는 공급관리방식(Operations Planning)이다. 공급관리방식을 택할 경우, 공장 규모를 50만 대로 하든 100만 대로 하든 생산비용은 많이 높아지게 된다.

자, 이때 발상을 전환해 보자. 만일 에어컨 제품의 수요가 계절별로 차이가 크게 나지 않는다면 어떻게 될까? 즉, 봄, 여름, 가을, 겨울 수요가 거의 비슷하게 발생한다면 어떻게 될까? 계절별로 수요 편차가 크지 않다면 앞의 예에서 본 것처럼 과도한 규모의 공장설치로 인한 비용이나 재고비용이 발생하지 않아 생산비용이 많이 줄어들게 될 것이다. 따라서 에어컨 제조회사 입장에서 볼 때, 계절별 수요 편차를 줄일 수 있다면 공급에 따른 불필요한 비용을 줄일 수 있어 생산비용을 많이 낮출 수 있다. 그렇다면 회사가 고객들의 수요를 계절별로 큰 차이 없이 비슷하게 만드는 방법이 있을까? 방법은 있다. 바로 판매관리방식(Sales Planning)이다. 이는 쉽게 말해 공급자인 회사가 고객의 수요를 관리하는 방식으로, 비수기에 할인 판매를 하여 선구매(Forward Buying) 효과로 인해 성수기 수요 중 일부가 비수기로 넘어오도록 하는 방식이다. 따라서 겨울에 에어컨을 할인 판매하면 다음 해 여름철 수요를 당겨올 수 있어 여름철 수요와 겨울철 수요 편차를 상당 부분

줄일 수 있다. 이와 같이 성수기와 비수기 수요의 편차가 줄어들면 공급에 따른 불필요한 비용 즉, 과도한 규모의 공장설치비용이나 재고비용을 줄일 수 있어 비용 절감 효과가 비수기 할인에 의한 이익의 감소를 충분히 상쇄시킬 수 있다.

26. 공급망은 어떻게 관리해야 하나?

공급망(Supply Chain)이란 고객이 원하는 제품에 대해 원하는 시기와 장소에 원하는 수량을 공급하기 위해 제품 공급과 관련된 모든 기업들이 단계별로 연결된 형태를 말한다. 공급망은 일반적으로 다음과 같이 다섯 단계로 구성한다.

공급업체 → 제조업체 → 배송업체 → 소매업체 → 고객

그러나 모든 공급망이 언제나 다섯 단계로 구성되는 것은 아니다. PC 제조기업인 삼성과 델(Dell)의 PC 제품 공급에 관한 공급망을 비교해 보자.

삼성은 전형적으로 위와 같이 다섯 단계로 구성된 공급망을 통해 PC를 고객에게 공급하고 있다. PC를 제조하는 삼성은 제조업체에 해당하며, PC 부품인 CPU, RAM, 그래픽카드, 저장장치(HDD, SSD) 등을 공급하는 부품공급업체가 상위업체로 존재한다. PC 제조공장에서

만들어진 PC 완성품들은 물류센터나 배송센터로 보내져 보관된다. 디지털프라자나 대형할인마트의 PC 매장에서 주문을 하면 물류센터나 배송센터에 보관된 PC 제품이 매장으로 보내진다. 마지막으로 PC 구매고객은 디지털프라자나 대형할인마트의 PC 매장에 가서 PC를 구매하게 된다.

델의 공급망은 삼성과 달리 다음 세 단계로 구성되어 있다.

공급업체 → 제조업체 → 고객

즉, 공급망에 배송업체와 소매업체가 빠져있어 고객이 제조업체에 직접 주문하고 PC를 배송받는 구조이다. 델 PC를 구매하고자 하는 고객은 델의 웹사이트에 접속하여 자신이 원하는 CPU, RAM, 그래픽카드, 저장장치(HDD, SSD) 등에 관한 사양을 직접 선택하여 주문한다. 고객의 주문 정보가 델의 본사로 접수되면 델 조립공장에서는 즉시 조립이 이루어지고 완성된 제품은 고객에게 배송된다. 델은 직접 판매(Direct Selling) 방식을 채택함으로써 배송업체와 소매업체가 생략된 공급망 구조를 가지고 있다. 공급망 구조가 단순화됨에 따라 공급비용을 많이 줄일 수 있고, 또한 전국에 극소수의 조립공장만을 두고 부품 재고를 집중화시킴으로써 부품의 재고수준을 낮추고, 제품 다양성을 충족시키는 장점을 가지게 된다. 아울러 제품차별화지연을 채택함으로써 고객 주문이 도착하기까지 완성품 PC를 재고로 보유하는 대신에 모듈화된 부품만을 재고로 보유하고 있다가 고객의 주문이 들어오면 즉시 조립하여 공급함으로써 재고비용도 상당히 줄일 수 있게 된다.

일반적으로 공급망을 구성하는 각 단계 기업들은 서로 다른 기업이다. 그러나 필요에 따라 공급망상의 한 기업이 다른 단계의 기업을 합병하는 경우가 있는데 이를 수직통합(Vertical Integration)이라 한다. 제조업체가 안정적인 부품 조달을 위해 공급업체를 합병하거나, 아니면 안정적인 유통망 확보를 위해 배송업체를 합병하는 경우가 이에 해당한다. 공급망상의 상위업체를 합병하는 것을 후방통합이라 하고, 하위업체를 통합하는 것 즉, 고객에 가까운 단계의 기업을 합병하는 것을 전방통합이라 한다. 현대자동차가 강판의 원활한 조달을 위해 인천제철을 인수한 것이 바로 후방통합의 예이다. 수직통합과 대비되는 개념으로 수평통합(Horizontal Integration)이 있는데, 이것은 동일 업종의 기업을 인수 합병하는 것을 말한다. 현대자동차가 기아자동차를 인수 합병하여 현대기아차 그룹이 된 것이 수평통합의 예이다.

27. 안전재고는 얼마나 필요한가?

안전재고에 대해 알아보기 전에 우선 다음의 예를 보도록 하자.

> 국내 유명 백화점의 명품매장에서는 최근 유행하는 핸드백이 고객들에게 인기가 많아 1주일에 평균 10개씩 판매된다. 이 매장에서는 이탈리아 본사에 핸드백을 직접 주문하는데, 주문할 때마다 한꺼번에 100개씩 주문한다. 리드타임은 3주일이어서 주문하고 3주일이 경과한 뒤 주문한 핸드백이 매장에 도착한다. 매장의 매니저는 핸드백 재고가 몇 개 남아있을 때 주문해야 하는지가 항상 고민거리이다.

만일 1주일에 정확하게 10개씩 팔린다면, 핸드백 재고가 30개 남아 있을 때 주문하면 된다. 왜냐하면 리드타임[4] 3주 동안 발생하는 수요를 30개의 재고로 충족시키면 되기 때문이다. 그런데 1주일 수요 평균은 10개이지만 실제로는 수요가 들쭉날쭉하여, 어떤 주에는 10개보다

4) 제품을 주문한 시점과 주문한 제품이 도착한 시점 사이의 시간 간격

많이 팔리기도 하고 또 어떤 주에는 10개보다 적게 팔릴 때도 있다. 그래서 핸드백 재고가 30개 남았을 때 주문했는데, 주문한 핸드백이 매장에 도착하기까지 3주 동안 실제 발생하는 수요가 30개 이내이면 아무 문제가 없다. 그러나 리드타임 3주 동안 발생하는 수요가 30개를 초과하면 재고가 없어 고객에게 팔지 못하는 경우가 생기게 된다. 수요 불확실성으로 매주 정확하게 10개씩 팔리는 것이 아니기 때문에 이런 일이 벌어지는 것이다.

그래서 명품매장의 매니저는 리드타임 기간 동안 발생하는 수요 불확실성을 고려하여 재고가 40개 남았을 때 주문하기로 결정하였다. 그러면 리드타임 기간 동안 재고가 없어서 고객 수요에 대응하지 못하는 경우가 많이 줄어들 것이라 판단한 것이다. 이는 제품가용성이 향상되기 때문이다. 제품가용성이란 제품에 대한 고객 수요가 발생했을 때 보유하고 있는 재고로부터 수요를 충족시킬 수 있는 확률을 뜻한다. 따라서 재고가 많을수록 제품가용성은 높아진다. 자, 이때 우리는 다음과 같이 안전재고량을 계산할 수 있다.

안전재고량=40개−30개=10개

즉, 안전재고란 리드타임 기간 동안 발생하는 수요 평균 30개를 초과하여 보유하는 재고를 뜻한다. 다시 말해, 리드타임 기간 동안 발생하는 실제 수요가 예측한 양을 초과하는 경우를 대비하여 이를 충족시키기 위해 보유하는 여유 재고를 말한다.

이때 주문하는 시점에서 보유하고 있는 재고수준을 재주문점(ROP: Reorder Point)이라고 한다. 즉, 재고량이 줄어드는 것을 연속적으로 모니터링하고 있다가 재고수준이 재주문점에 도달하면 즉시 주문을 내리는 것이다. 재주문점은 보통 다음과 같이 설정한다.

재주문점=리드타임 기간 동안 수요의 평균+안전재고

앞의 예에서 1주일 수요의 평균은 10개이고 리드타임은 3주이므로, 리드타임 동안 발생하는 수요의 평균은 30개이다. 만일 안전재고를 10개로 하면 재주문점은 40개가 되고, 재고량이 40개에 도달되는 즉시 주문을 내린다는 뜻이다. 그러면 리드타임 3주 동안 40개의 재고로 수요에 대비하는 것이다. 만일 안전재고를 조금 더 늘여 15개로 설정한다면 재주문점은 45개가 된다.

안전재고를 크게 할수록 제품가용성이 높아진다. 제품가용성이 높아지면 리드타임 동안 재고부족으로 판매하지 못하게 될 확률이 낮아지고, 따라서 고객에 대한 서비스율이 높아지는 장점이 있다. 그러나 제품가용성이 높아지면 과도한 재고보유로 인해 재고비용이 높아지는 단점이 생긴다. 따라서 제품가용성과 재고비용 사이의 상충관계를 잘 파악하여 안전재고 수준을 결정하는 것이 중요하다.

28. 고객 Needs 특성을 파악하라

페트병에 든 생수를 구입하기 위해 편의점에 가는 경우가 있고, 또 대형할인매장에 가는 경우도 있다. 이 두 가지의 예에서 우리는 생수를 구입하고자 하는 고객이 제품 구매에 있어서 최우선적으로 고려하는 니즈(Needs)가 다름을 알 수 있다. 이 두 고객은 다른 사람일 수도 있고 같은 사람일 수도 있다. 먼저 생수를 사러 편의점에 가는 경우 고객의 수요 특성을 알아보자. 편의점에서는 생수가 비싸기는 하지만 신속하게 사서 마실 수가 있다. 따라서 편의점 이용 고객의 니즈를 규정하는 수요 특성은 배송시간이다. 즉, 제품을 주문하고 배송받기까지의 시간이 짧은 것을 원하기 때문에 비싸더라도 편의점에 가서 생수를 사는 것이다. 고객들이 제품 구매에 있어서 최우선적으로 고려하는 수요 특성에는 배송시간 외에도 제품가격, 제품다양성, 제품가용성, 구매편리성 등이 있다. 한편 대형할인매장에 가서 생수를 사는 고객의 경우 수요 특성은 제품가격이다. 비록 차를 운전하여 멀리 대형할인매장까지 가야 하는 번거로움은 있지만, 대형할인매장에서 생수를 묶음으로 사면 엄청나게 싸기 때문에 제품가격을 최우선시하는 고객은 당연히 대형할인매장에서 구입을 한다.

또 다른 예를 한번 들어보자. PC 제조기업 중에 델(Dell)이라는 회사가 있다. 델은 맞춤형 PC를 판매하는 회사로 유명하다. 즉, 고객들이 델의 웹사이트에 접속하여 PC를 구성하는 부품 모듈들 각각에 대해 자신이 원하는 사양을 직접 선택하여 주문을 내리면, 회사에서는 즉시 조립을 하여 고객에게 배송하는 직접 판매 방식을 사용한다. PC 구매 고객들 중에는 델 제품 PC를 사는 경우도 있지만, 삼성이나 LG에서 만드는 완성품 PC를 사기 위해 디지털프라자나 대형마트의 PC 매장에 직접 가서 구매하기도 한다. PC 구매 고객들의 경우에도 PC 구매에 있어서 최우선적으로 고려하는 수요 특성에 차이가 있음을 알 수 있다. 델 제품 PC를 구매하는 고객은 자신이 원하는 고객화된 맞춤형 PC를 원하기 때문에, 주문 후 배송받기까지 시간이 다소 걸리더라도 제품다양성을 PC 구매에 있어서 최우선적인 수요 특성으로 고려하고 있다. 반면에 PC 매장에 직접 가서 구입하는 고객의 경우 매장 직원의 설명을 듣고 자신에게 맞는 제품을 추천받는 등 구매의사결정에 도움을 받을 수 있고, 또 결제하고 PC를 바로 들고나올 수 있다. 이때 고객이 최우선적으로 고려하는 수요 특성은 구매편리성과 배송시간이라 할 수 있다. 다만 매장에 한정된 모델의 PC들만 있기 때문에 제품다양성을 중요한 요소로 생각하지는 않는다.

29. 우리 회사의 목표 고객은 누구인가?

우리 회사의 목표 고객(Target Audience)이 누구인지를 정확하게 파악해야 그에 맞춰서 회사의 경쟁전략을 수립할 수 있다. 고객들이 제품 구매를 결정하는 데 있어서 가장 우선적으로 고려하는 수요 특성이 무엇이냐에 의해 기업의 목표 고객이 규정된다. 앞에서 설명한 것처럼 고객들의 수요 특성에는 제품가격, 짧은 배송시간, 제품다양성, 제품가용성, 구매편리성 등이 있다. 고객이 이들 중에 어떤 요소를 제품 구매 시 더 우선적으로 고려하느냐에 따라 전체 시장이 세분화된다. 시장이 세분화된 상태에서 동일한 영역에 속한 고객들의 수요 특성은 동일하며, 다른 영역에 속한 고객들의 수요 특성은 서로 다르다. 각 기업들은 세분화된 시장들 가운데 어떤 영역의 고객들이 자신의 목표 고객인지 명확하게 규명해야 하고, 그래야만 그에 맞춰 효율적인 방향으로 또는 대응도가 높은 방향으로 고객에게 제품을 공급할 수가 있다.

앞 장에서 언급한 델 제품 PC 고객과 삼성 제품 PC 고객의 수요 특성이 다르기 때문에 두 회사의 목표 고객은 뚜렷하게 구분된다. 델의 고객은 배송시간이 다소 길어지더라도 고객화된 맞춤형 PC를 합리적인 가격에 구입하기를 원하고, 삼성 고객의 경우 제품다양성은 비록 떨어지지만 구매편리성과 배송시간을 최우선적으로 고려하여 구매를 결정한다. 따라서 PC 고객들을 전체 시장으로 봤을 때, 웹상에서 맞춤형 PC 주문을 통해 제품다양성을 우선시하는 고객들과 매장에서 신속하고 편리하게 구매하기를 원하는 고객들로 세분화된다고 볼 수 있다. 따라서 델과 삼성, LG 등은 이 세분화된 PC 시장에서 서로 다른 영역에 있는 고객들이 자신의 목표 고객이 되는 것이다.

30. 제품가용성은 어떻게 측정하나?

제품가용성이란 보유하고 있는 재고로부터 고객의 수요를 충족시킬 수 있는 가능성 또는 확률이라고 정의할 수 있다. 예를 들어 어떤 회사의 제품가용성이 90%라고 한다면, 이 회사 제품에 대한 고객 수요가 발생했을 때 수요의 90%를 충족시킬 수 있고 전체 고객 수요 중에 10% 정도는 재고가 없어서 판매하지 못한다는 뜻이다. 제품가용성은 제품충족률(Product Fill Rate), 주문충족률(Order Fill Rate), 주기서비스수준(CSL: Cycle Service Level)으로 측정한다. 주문충족률은 재고로부터 충족되는 제품 수요의 비율로서 전체 발생하는 고객 수요량 중에 실제 판매된 수량의 비율로 계산한다. 예를 들어, 한 달 동안 발생한 총 수요량이 1,000개였는데, 재고로부터 실제 판매한 양이 950개였다면, 제품충족률은 95%이다. 주문충족률은 전체 주문 건수 중에 주문이 완전히 충족된 건수의 비율로 계산한다. 주문 내 모든 수량이 보유하고 있는 재고로부터 완전히 충족될 때 주문이 충족된다고 한다. 예를 들어, 거래처로부터 100개를 납품해 달라는 주문이 들어왔는데 보유하고 있는 재고가 90개밖에 없어 90개만 납품했다면 이 주문은 충족되었다고 보지 않는다. 따라서 제품충족률보다는 주문충족률이 항상 작다. 이는 간단한 예를 통해 쉽게 이해할 수 있다. 지난 한 달 동안 모두 10회의 주문이 들어왔는데, 각 주문별 주문량과 납품량 자료가 다음과 같다고 하자.

주문번호	주문량	납품량	주문충족여부
1	100	100	○
2	100	90	×
3	100	100	○
4	100	100	○
5	100	85	×
6	100	70	×
7	100	100	○
8	100	100	○
9	100	95	×
10	100	100	○
합계	1,000	940	6회

제품충족률과 주문충족률은 각각 다음과 같이 계산할 수 있다.

$$\text{제품충족률} = \frac{940}{1,000} = 94\%$$

$$\text{주문충족률} = \frac{6}{10} = 60\%$$

주기서비스수준은 리드타임 동안 발생하는 수요를 재고로부터 충족시킬 확률을 뜻한다. 다시 말해, 리드타임 동안 재고 부족이 없을 확률과 같은 의미이다. 리드타임 동안 발생하는 수요와 재주문점(Reorder Point)을 각각 다음과 같이 정의하면, 주기서비스수준은 확률 계산을 통해 구할 수 있다.

$$\text{주기서비스수준} = Pr(X \leq ROP)$$

X : 리드타임 동안 발생하는 수요
ROP : 재주문점

즉, 리드타임 동안 발생하는 실제 수요가 재주문점보다 작을 확률이 바로 주기서비스수준이 되는 것이다.

31. 재고회전율을 높여라

재고회전율(Inventory Turns)은 다음과 같이 연간 매출을 평균 재고로 나누어 계산한다.

$$\text{재고회전율} = \frac{\text{연간매출액}}{\text{평균재고액}}$$

재고회전율은 정확하게는 연간 재고회전율을 의미하는데, 표기의 편의상 재고회전율로 나타낸다. 따라서 재고회전율은 연 5회, 또는 연 10회 등으로 표기한다. 그러면 재고회전율이 높은 것이 좋은지, 낮은 것이 좋은지, 또 재고회전율이 높다는 것은 무엇을 의미하는지 다음의 간단한 예를 들어 설명해 보기로 한다.

> A와 B는 동일한 제품을 판매하는 경쟁회사로서, A와 B의 연간 매출액은 120억 원으로 서로 같다. A 회사는 창고에 평균적으로 24억 원어치의 제품을 재고로 보유하고 있으며, B 회사는 창고에 평균적으로 12억 원어치의 제품 재고를 보유하고 있다.

A와 B의 재고회전율이 각각 얼마인지 계산해 보면 다음과 같다.

$$A의\ 재고회전율=\frac{120억}{24억}=5회$$

$$B의\ 재고회전율=\frac{120억}{12억}=10회$$

A의 재고회전율은 연간 5회, B의 재고회전율은 연간 10회로 계산되었다. 재고회전율이 높다는 것은 적은 재고로 많은 매출을 올린다는 의미이므로 재고회전율이 높은 것이 좋다. 위의 A, B 두 회사의 예를 보면, 연간 매출액은 동일하지만 B가 A에 비해 평균적으로 훨씬 적은 재고를 가지고 있기 때문에 B의 재고회전율이 A보다 높다. 따라서 B 회사가 A회사보다 더 효율적으로 운영하고 있음을 알 수 있다.

재고회전율에 대해 좀더 자세히 알아보기 위해 새로운 개념인 평균흐름시간(Average Flow Time)을 설명해 보기로 한다. 평균흐름시간은 재고가 창고에 평균적으로 얼마 동안 머물렀다가 판매되는지를 나타내는데 다음과 같이 계산된다.

$$평균흐름시간=\frac{평균재고}{평균수요}$$

평균흐름시간은 단위가 월, 주, 또는 일로 나타낼 수 있다. 위의 예에서는 단위를 월로 해서 계산해 보기로 한다. 평균흐름시간의 단위를 월로 나타내기 위해서는 분모에 있는 평균수요 항목에 월 평균수요를 사용하면 된다. A와 B의 연간매출액이 120억으로 같으므로, 월 평균수요도 동일하게 10억이다. 평균흐름시간을 계산해 보면 각각 다음과 같다.

$$\text{A의 평균흐름시간} = \frac{24\text{억}}{10\text{억}} = 2.4\text{개월}$$

$$\text{B의 평균흐름시간} = \frac{12\text{억}}{10\text{억}} = 1.2\text{개월}$$

따라서 A 회사의 제품들은 평균적으로 2.4개월 동안 창고에 재고로 머물러 있다가 팔려나가고, B 회사의 제품들은 평균적으로 1.2개월 머물다가 팔려나간다. 평균흐름시간이 길다는 것은 재고로 쌓여있는 기간이 길다는 뜻이므로, 재고보유비용이 많이 발생하기 때문에 비효율적이라 할 수 있다.

찾아보기

ㅊ

ㅍ

ㅎ

저자 소개

정기호 _ bluetide78@gmail.com

부산 출신으로 1982년 서울대학교 경영학과를 졸업하고, 1985년 KAIST 경영과학과에서 석사, 1991년 KAIST 경영과학과에서 박사 학위를 취득하였다. 1997년부터 미국 퍼듀대학교 경영학과에서 1년간 Visiting Scholar로 연구하였고, 1986년부터 2024년까지 경성대학교 경영학과, 경영정보학과 교수로 재직하였다. 학생들에게 경영과학, 의사결정론, 경영통계학, 공급사슬관리 등의 과목을 가르쳤고, 연구 관심분야는 공급사슬관리, 물류 네트워크 최적화 등이고 국내외 학술논문집에 다수의 논문을 게재하였다.

저자와의
협의하에
인지생략

경영도 과학이다

2025년 10월 13일 초판 인쇄
2025년 10월 20일 초판 1쇄 발행

저　자 : 정 기 호
발행인 : 정 광 식
발행처 : **비앤엠북스**
서울시 금천구 가산디지털1로 70 B1-103(호서대벤처타워)
등　　록 2004. 12. 29. / 제313-2004-00298호
전　　화 2627-5710~13, 팩스 2627-5720
홈페이지 www.대학교재.net
이 메 일 bnmbook@daum.net

정가 15,000원　　ISBN 978-89-6821-232-1